GUIA SUNO FIAGROS

A nova fronteira dos investimentos brasileiros

CB002235

Octaciano Neto & Jean Tosetto

GUIA SUNO FIAGROS

A nova fronteira dos investimentos brasileiros

SUMÁRIO

A missão da Suno   [6]

Prefácio   [8]

I –   A origem e a definição dos Fiagros   [13]

II –   Panorama do agronegócio no Brasil   [26]

III –   O leque de investimentos no agronegócio   [42]

IV –   As categorias de Fiagros   [60]

V –   Os riscos do agronegócio   [74]

VI –   Principais indicadores
        fundamentalistas dos Fiagros   [85]

VII –   Pontos de atenção   [99]

VIII – A tributação incidente nos Fiagros   [117]

IX –   Considerações finais   [129]

Glossário   [136]

A MISSÃO DA SUNO

A cada geração, uma parte da humanidade se compromete a deixar o mundo um lugar melhor do que encontrou. Esse contingente populacional acredita que, para tanto, é preciso investir em inovações.

Foram as inovações promovidas pela humanidade, ora confundidas com descobertas, ora com invenções, que nos tiraram da Idade da Pedra e nos colocaram no olho do furacão da Era Digital.

Nos últimos séculos, quase todas as inovações científicas e tecnológicas foram difundidas pelas instituições empresariais, sejam elas privadas ou públicas, visem elas lucros ou não.

Grande parte das empresas que promoveram inovações recorreu ao mercado de capitais para obter financiamentos para os seus projetos. Essa premissa continua válida.

Os países onde os mercados de capitais são mais desenvolvidos concentram também as empresas mais inovadoras do planeta. Nos Estados Unidos, milhões de pessoas investem suas economias nas Bolsas de Valores.

Uma parcela significativa dos norte-americanos obtém a independência financeira, ou o planejamento da aposentadoria, associando-se com grandes empresas que movimentam a economia global.

São bombeiros, advogados, professoras, dentistas, zeladores, ou seja, profissionais dos mais diversos tipos que se convertem em investidores, atraindo empreendedores de várias origens, que encontram dificuldades de empreender em sua terra natal.

No Brasil, o mercado de capitais ainda é muito pequeno perto de sua capacidade plena. Até 2017, quando a Suno iniciou suas operações, menos de um por cento da população brasileira investia através da Bolsa de Valores de São Paulo.

A missão da Suno Research é justamente promover a educação financeira de milhares de pequenos e médios investidores em potencial.

Como casa independente de pesquisas em investimentos de renda variável, a Suno quer demonstrar que os brasileiros podem se libertar do sistema público de previdência, fazendo investimentos inteligentes no mercado financeiro.

O brasileiro também pode financiar a inovação, gerando divisas para seu país e se beneficiando dos avanços promovidos pela parceria entre investidores e empreendedores.

O investidor brasileiro em potencial ainda tem receio de operar em Bolsa. Vários são os mitos sobre o mercado de capitais, visto como um ambiente restrito aos especialistas e aos mais endinheirados.

A facilidade para realizar aplicações bancárias – embora pouco rentáveis – e os conflitos de interesse de parte das corretoras de valores, que fornecem análises tendenciosas de investimento visando comissões com transações em excesso, são fatores que também distanciam muita gente do mercado financeiro nacional.

Como agravante, a Suno tem em seu segmento de atuação empresas que fazem um jogo publicitário pesado, oferecendo promessas de enriquecimento que não se comprovam na realidade. Não existe enriquecimento rápido; tal possibilidade ocorre no longo prazo.

Por meio de seus artigos, análises de empresas e fundos imobiliários, vídeos, cursos e também livros como este, a Suno vem para iluminar a relação do brasileiro com o mercado de capitais, que, se não tem a solução para todos os problemas, é parte do esforço da humanidade para deixar este mundo melhor, por meio de investimentos em valores monetários, morais e éticos.

PREFÁCIO: FIAGRO FAZENDO HISTÓRIA

Por Arnaldo Jardim[1]

O Brasil é, historicamente, um país vocacionado para o agronegócio – dimensões continentais, clima favorável, terras férteis e, sobretudo, a competência dos agricultores. Com tantas vantagens comparativas, bastou investir inteligentemente na nossa agricultura para transformar o país de importador de alimentos em uma das maiores potências agrícolas do mundo. Atualmente, as atividades ligadas à cadeia do Agro representam mais de um quarto da economia brasileira, contribuindo com 26,6% do PIB.

Está provado, portanto, que os brasileiros sabem produzir alimentos. Não por acaso, a FAO (Organização das Nações Unidas para a Alimentação e a Agricultura) deposita em nossa agricultura todas as esperanças para garantir a segurança alimentar mundial. Porém, a tarefa de colocar comida na mesa da população traz muitos desafios, sendo o financiamento da produção um dos maiores.

Quando o Sistema Nacional de Crédito Rural foi criado, os recursos públicos conseguiam financiar a produção de toda a atividade agrícola. Porém, ao longo do tempo, as verbas para investimento se reduziram significativamente, ano após ano, até que, em 2003, ao criar o Plano Safra, o governo passou a priorizar, de fato, os pequenos e médios agricultores, limitando os recursos para as grandes propriedades.

---

1. Arnaldo Jardim (1955) é formado em Engenharia Civil pela Universidade de São Paulo. Como deputado federal, trabalhou pela criação do Fundo Nacional sobre Mudança do Clima, bem como da Política Nacional de Resíduos Sólidos. É autor do Projeto de Lei nº 5.191/20, que instituiu os Fiagros.

Desde o início da década de 2020, o Plano Safra responde apenas por 30% das necessidades do setor, restringindo os recursos a dois programas principais: o Pronaf – Programa de Fortalecimento da Agricultura Familiar e o Pronamp – Programa Nacional de Apoio ao Médio Produtor Rural. Por isso, tornaram-se comuns outras formas de financiamento como as operações *Barter*, em que produtores adquirem insumos e máquinas e pagam com a entrega de grãos pós-colheita.

Um terço do financiamento do Agro no Brasil se dá pelo sistema *Barter*. O pagamento do crédito é feito com o repasse de parte do produto cultivado, numa triangulação casada com o consumidor primário, também denominado como *Trading*. É uma operação de troca, mas que embute juros muito altos e deixa os agricultores dependentes das empresas fornecedoras de insumos.

Outro instrumento utilizado para financiar a produção agropecuária é a Cédula de Produto Rural (CPR), título representativo de promessa de entrega de produtos rurais. Por sua flexibilidade, no uso do recurso captado e momento de contratação, e pela isenção do IOF, acabou se transformando na moeda do agronegócio. As CPRs registradas até janeiro de 2023 contabilizavam mais de 300 bilhões de reais investidos no setor – o mesmo volume, praticamente, disponibilizado pelo Plano Safra 2022/2023.

Com a pujança do Agro, entretanto, sempre exigindo mais investimentos, era imperioso modelar novos instrumentos. Um primeiro passo nessa direção foi dado em 2020, com a aprovação da Lei do Agro (Lei nº 13.986/20). Aprimoramos o ambiente regulatório, com a criação do Patrimônio Rural de Afetação (PRA), da Cédula Imobiliária Rural (CIR) e do Fundo Garantidor Solidário (FGS); e alteramos as regras dos títulos do agronegócio como a Cédula de Produto Rural – CPR, ampliando o conceito de produto rural e permitindo a captação de recursos para novos projetos, inclusive para conservação.

Faltava, porém, um instrumento que pudesse acessar, de forma mais direta, o mercado de capitais, considerado, tradicionalmente, a principal fonte de financiamento das empresas, mas que poderia estar, também, a serviço do agronegócio.

Esse foi o mote para a apresentação do Projeto de Lei nº 5.191 de 2020, de minha autoria, que, transformado na Lei nº 14.130/2021, criou os Fundos de Investimentos nas Cadeias Produtivas Agroindustriais (Fiagros). A ideia surgiu durante os debates para aprimorar a regulamentação dos CRIs (Certificados de Recebíveis Imobiliários), CRAs (Certificados de Recebíveis do Agronegócio) e CPRs (Cédulas de Produtos Rurais).

O Fiagro representa uma oportunidade para o pequeno e médio investidor diversificar seus investimentos, aportando recursos no Agro, setor de relevância estratégica para o país. Bom para o agronegócio, que possui mais uma fonte de crédito, bom para o investidor, que acessa um investimento com rendimentos mensais isentos de Imposto de Renda. Os fundos surgiram para aproximar o mercado de capitais e o setor.

Para a elaboração do projeto de lei, foram consultados especialistas do setor financeiro, membros da Comissão de Valores Mobiliários (CVM) e agentes do mercado financeiro. Como referência, os fundos imobiliários (FIIs), instrumento consolidado de captação de recursos para o setor imobiliário, cujo modelo precisaria ser aperfeiçoado para ser aplicado à realidade do Agro.

O primeiro requisito a ser observado era que o Fiagro precisaria atender toda a cadeia de produção – dentro e fora da porteira –, não se limitando à atividade propriamente de produzir. Deste modo, um ramal ferroviário, que liga a unidade do produtor até um porto próximo ou acessa uma rodovia principal, poderia ser um ativo encarteirado pelo fundo.

Outro ponto importante era poder usar os Fiagros como instrumento para equacionar uma situação muito comum no interior do Brasil, relacionada à sucessão geracional de agricultores. A primeira geração desbrava a terra bruta. A segunda geração consolida a propriedade e a terceira geração, que deveria dar continuidade à exploração agrícola, já conta com vários filhos, muitos dos quais pouco interesse manifestam pela atividade – acabam abandonando o campo. Resultado: um estoque de terras agricultáveis subaproveitadas.

Com a possibilidade de transferir o imóvel para o fundo agropecuário, você acaba por terceirizar a gestão do negócio, disponibilizando esses ativos para o mercado. Além disso, espera-se um aumento na produtividade da propriedade, uma vez que o gerenciamento será profissional, com suporte técnico especializado. Haverá um impacto extraordinário no setor, potencializando antigas propriedades que estavam subutilizadas por pessoas sem vocação agrícola.

Os Fiagros foram aprovados em tempo recorde. Apresentado em novembro de 2020, o projeto tramitou pelas duas casas e foi aprovado rapidamente. Em março de 2021, a lei já estava sancionada. Foram apenas cinco meses, algo raramente visto no Congresso Nacional, o que foi possível graças ao apoio de uma grande bancada de deputados e senadores ligados ao agronegócio. Apenas sete votos contrários, mostrando que, quando o tema é relevante para o país, conseguimos reunir parlamentares das mais diversas correntes políticas.

Essa articulação foi fundamental para derrubarmos os vetos aos dispositivos tributários. O governo, por exemplo, queria tributar o ganho de capital no momento de migração de uma propriedade rural para a carteira do fundo. Porém, o entendimento era de que essa transação deve estar isenta, pois não se trata de uma operação de venda de imóvel rural. Se o fundo vender a propriedade, posteriormente, o ganho de capital seria tributado normalmente. Enquanto derrubávamos os vetos, a CVM, também em prazo recorde, regulamentava o fundo.

O Fiagro, portanto, é novinho, pois somente começou a ser negociado na B3 em agosto de 2021. Mas já mostra muita vitalidade. No início de 2023, havia 33 fundos em operação na Bolsa, administrando mais de 10 bilhões de reais e possibilitando que 215 mil cotistas pudessem investir nas cadeias produtivas agroindustriais. Acreditamos que haverá, nos próximos anos, um *boom* de IPOs de novos fundos.

O Brasil busca mudar a sua imagem internacional. Há exemplos desse compromisso, como a rastreabilidade da produção agrícola. A nossa agricultura tem demonstrado que é perfeitamente possível aliar produção com preservação ambiental e os Fundos de Investimentos nas Cadeias Produtivas Agroindustriais (Fiagros) contribuirão decisivamente para a sustentabilidade da agropecuária nacional.

Ao final, aproveito para agradecer ao amigo Tiago Reis, que muito contribuiu para a defesa dos fundos de investimentos. Sua experiência nos fundos imobiliários foi decisiva na elaboração da proposta dos Fiagros. Muito me honrou seu convite para escrever o prefácio deste livro, brilhantemente articulado pelo meu grande parceiro e amigo Octaciano Neto, com contribuições de Jean Tosetto.

I – A ORIGEM E A DEFINIÇÃO DOS FIAGROS

Um Fiagro é um Fundo de Investimento nas Cadeias Produtivas Agroindustriais, constituindo-se num produto financeiro diretamente relacionado com atividades econômicas essenciais ao Brasil, sendo derivado dos FIIs (Fundos de Investimentos Imobiliários), que, por sua vez, também refletem a importância do setor da construção civil na geração de riquezas e empregos, num país ainda em desenvolvimento.

Portanto, um Fiagro é, em sua raiz, um fundo de investimento, que se caracteriza como um tipo de condomínio que congrega investidores na condição de pessoa física ou jurídica.

No papel de cotistas, esses investidores confiam recursos a gestores que executam estratégias pré-determinadas de alocação de capital em títulos e valores mobiliários, contando com o suporte de instituições administradoras para o seu correto funcionamento.

Por meio dos fundos de investimentos, os pequenos e médios poupadores de recursos podem se unir para diversificar suas aplicações financeiras nos moldes do que fazem os grandes capitalistas, a quem são franqueados acessos a certas modalidades de rentabilização de valores que são vetadas ou inviáveis para indivíduos ou entidades jurídicas de porte diminuto.

Os fundos de investimentos na Europa e Estados Unidos

Os primeiros fundos de investimentos, nos parâmetros que conhecemos atualmente, surgiram em meados do século 19 na Suíça e na Inglaterra. Porém, foi nos Estados Unidos, a partir da década de 1890, que eles se desenvolveram, a partir da criação de novas categorias, inclusive as que passaram a permitir que os cotistas fizessem resgates regulares de valores. Na década de 1920, os norte-americanos lançaram os primeiros fundos mútuos sem limitações para o número de participantes.

Após o *Crash* da Bolsa de Nova York em 1929, com o crescimento dos fundos mútuos considerados *open-end*, ou seja, sem limitações para a quantidade de cotistas, o governo norte-americano iniciou um processo de regulação dos investimentos em renda fixa e variável, obrigando os fundos de investimentos a obter registros na SEC (Securities and Exchange Commission) e a publicar relatórios regulares sobre suas posições e propostas de alocação de recursos.

Os fundos pioneiros no Brasil

Até a primeira metade do século 20, o mercado financeiro do Brasil era descentralizado: cada estado tinha sua própria Bolsa de Valores de caráter público e ainda não havia corretoras de valores privadas. Nesse ambiente insípido e de pouca liquidez surgiram os primeiros fundos de investimentos no país, antes mesmo da criação de leis e marcos regulatórios.

O Valéria Primeira, gerido pela Deltec, é considerado como o primeiro fundo de investimento a operar no Brasil, com data de fundação em 1952. A Deltec tinha sede em Nassau e sua subsidiária brasileira surgiu em 1946. Em 1954, surgiu o Fundo Brasil, que ganhou a companhia do Crescinco em 1957, por meio do IBEC, integrante do Grupo Rockfeller.

Em 1961, surgiu o Condomínio Deltec. Quando esta empresa se associou com o IBEC e o Banco Moreira Salles, em 1966, surgiu o BIB (Banco de Investimentos do Brasil), que teve papel importante logo após a reforma do mercado de capitais brasileiro, no final daquela década.

O esteio para a modernização
do mercado de capitais no Brasil

A partir de 1964, o Governo Federal determinou a reformulação do Sistema Financeiro Nacional, mediante a Lei nº 4.595, que resultou na criação do CMN (Conselho Monetário Nacional) e do Bacen (Banco Central). Ao CMN coube a tarefa de estabelecer políticas para a estabilização da moeda, conciliada com a expansão do crédito, visando ao crescimento econômico do país aliado ao desenvolvimento social. Já ao Bacen coube o papel de regulamentar, habilitar e fiscalizar o conjunto das instituições ligadas ao mercado financeiro nacional.

No ano seguinte, foi promulgada a Lei n° 4.728, conhecida como a Lei do Mercado de Capitais, que concedeu autonomia administrativa, financeira e patrimonial para as Bolsas de Valores, das quais se destacaram inicialmente as Bolsas de Rio de Janeiro e São Paulo.

A Lei n° 4.728 também regulamentou o funcionamento dos fundos de investimentos no Brasil. Por intermédio da Resolução nº 145 do Bacen, publicada em 1970, restringiu-se a permissão para administrar fundos mútuos aos bancos de investimentos e sociedades de crédito, financiamento e investimento, além das sociedades corretoras.

Fundos 157

Antes, porém, em 1967, para incentivar a aproximação dos brasileiros com os investimentos em empresas de capital aberto, foi promulgado o Decreto-Lei nº 157, que, entre outras medidas, permitia às pessoas físicas destinar parte do Imposto de Renda apurado anualmente para fundos mútuos fiscais, que ficaram conhecidos como Fundos 157. Esses fundos eram geridos principalmente por bancos de investimentos e corretoras de valores, que tinham permissão para alocar os recursos em novas ações e debêntures.

O súbito aumento da liquidez no mercado financeiro incentivou a abertura de capital por parte de várias empresas, enquanto outras se desmembravam para formar grupos de companhias listadas, estimulando a especulação dos papéis negociados. Esse movimento foi interrompido com o *Crash* de 1971, que abalou as principais Bolsas do Brasil.

Meio século depois, ainda havia cotistas de Fundos 157 com direito a resgate de valores, entre aqueles que fizeram declarações anuais de Imposto de Renda entre 1967 e 1983.

Surge a CVM e o mercado de capitais se aglutina em São Paulo

A Comissão de Valores Mobiliários é uma autarquia relacionada ao Ministério da Fazenda, tendo sido criada pela Lei nº 6.385, em dezembro de 1976. Foi um marco importante na organização do mercado financeiro do país, que a partir de então cresceu em confiabilidade perante os investidores nacionais e estrangeiros.

Embora vinculada a um órgão público, a CVM possui personalidade jurídica independente, com patrimônio próprio, de modo a não sofrer interferências políticas resultantes de alternâncias de mandatos eleitorais. Para tanto, a CVM está livre de subordinação em termos hierárquicos, garantindo a estabilidade de seus dirigentes, que possuem autonomia para gerir o orçamento da entidade, de modo que seja preservado seu objetivo de fiscalizar e elaborar normas visando à disciplina e ao crescimento do mercado de valores mobiliários.

A regulação dos fundos de investimentos foi unificada pela CVM por meio da Instrução nº 409 – publicada em agosto de 2004 –, que versa sobre os limites para alavancagem dos fundos, bem como suas exposições por ativos e por emissores, de modo a tornar claras as categorias deles, dentre as quais estão os fundos de curto prazo, fundos referenciados, fundos de renda fixa, fundos de ações, fundos cambiais, fundos de dívida externa e fundos multimercado.

No ano seguinte, o pregão viva-voz deixou de ser praticado na Bolsa de Valores de São Paulo. Essa modalidade de negociação exigia que investidores telefonassem para os bancos ou corretoras para determinar as ordens de compra ou venda dos ativos, que eram executadas pelos operadores, presencialmente. Com a adoção plena do pregão digital, mediante plataformas de *Home Broker* vinculadas a *sites* e aplicativos de Internet, um novo contingente de brasileiros passou a investir em renda variável, incluindo os diversos fundos.

Em 2008, ocorreu a integração da Bolsa de Valores de São Paulo (Bovespa) com a Bolsa de Mercadorias e Futuros (BM&F). A BM&F Bovespa se tornaria a única Bolsa de Valores Mobiliários do Brasil após o fim das atividades da Bolsa de Valores do Rio de Janeiro, no começo daquela década. Com a fusão da BM&F Bovespa com a Cetip (Central de Custódia e de Liquidação Financeira de Títulos), surgiu a B3 – Brasil, Bolsa e Balcão, uma das principais Bolsas de Valores do mundo.

Os FIIs – Fundos de Investimentos Imobiliários

Em 1993, foi promulgada a Lei n° 8.668, que versa sobre a instituição dos Fundos de Investimentos Imobiliários. No ano seguinte, a Comissão de Valores Mobiliários publicou as Instruções CVM n° 205 e CVM n° 206, visando regulamentar a gênese dos FIIs, bem como o modo de operação e administração destes ativos, além das normas contábeis em torno deles.

Nos primeiros anos, apenas os grandes investidores institucionais se envolveram com essa nova indústria de investimento.

Somente no fim da década, após a publicação da Lei nº 9.779, de 1999, que trazia regras mais claras sobre distribuição e tributação dos proventos, é que os investidores pessoa física, ainda que timidamente, passaram a se interessar pelos FIIs.

Um novo impulso para os pequenos investidores ocorreu em 2005, com a Lei nº 11.196, que franqueava a isenção de Imposto de Renda sobre os rendimentos de FIIs para pessoas físicas. Nessa época, começaram a ser estruturados fundos de maior porte, com vários imóveis no portfólio.

Um ano antes, em função da Lei nº 11.033, se estabelecia a isenção de imposto sobre o rendimento de CRIs (Certificados de Recebíveis Imobiliários), LHs (Letras Hipotecárias) e LCIs (Letras de Crédito Imobiliário). Os reflexos foram positivos no mercado imobiliário como um todo, especialmente após 2009, quando esse tipo de isenção foi estendido para os FIIs, que passaram a alocar recursos em títulos de dívida. Paralelamente, surgiam os primeiros fundos de fundos, também conhecidos como FoFs.

A década de 2010 foi de grandes avanços para a indústria dos fundos imobiliários, com a criação do IFIX (Índice de Fundos de Investimentos Imobiliários da Bolsa de Valores de São Paulo), em 2012, e com a popularização das redes sociais a partir de 2016, o que ajudou a disseminar, democraticamente, as potencialidades dos FIIs para um público cada vez maior.

Nesse período, os FIIs cresceram em liquidez e patrimônio, mediante sucessivas emissões, e diversidade. Suas carteiras passaram a englobar os mais variados tipos de imóveis rentáveis, como lajes de escritórios, galpões de logística, instalações fabris, agências bancárias, hospitais, escolas e faculdades, entre outros. Os fundos imobiliários passaram a atuar também no desenvolvimento de loteamentos residenciais e industriais. Ao todo, no primeiro semestre de 2022 já eram mais de 400 FIIs listados na B3.

Além disso, os FIIs se converteram em eficientes instrumentos para o financiamento de diversas atividades imobiliárias, especialmente por meio dos CRIs, oferecendo crédito para empreendedores da construção civil, mesmo quando os grandes bancos são pressionados pela variação da taxa básica de juros – a Selic.

Reprodução parcial da página 4 do Boletim Mensal Fundos Imobiliários (FIIs) da B3, em março de 2023, apresentando o gráfico com a evolução do número de investidores entre dezembro de 2009, quando eram apenas 12 mil, e março de 2023, quando ultrapassaram o patamar de 2,1 milhões de pessoas físicas (fonte: https://www.b3.com.br/data/files/ DF/82/5B/15/BC07781064456178AC094EA8/Boletim%20FII%20-%2003M23.pdf – _link_ acessado em 19/04/2023).

Uma grande prova da resiliência e potencial dos FIIs, como ativos geradores de renda passiva para centenas de milhares de brasileiros, ocorreu com a eclosão da pandemia do Coronavírus, em março de 2020. A despeito da queda drástica e pontual da cotação de vários FIIs, em linhas gerais a maioria manteve um bom nível de distribuição de rendimentos mensais, representando um alívio para muitos investidores que se viram obrigados a suportar isolamentos e quarentenas em várias cidades do Brasil.

A manutenção do crescimento de investidores em FIIs, desde então, até pelo menos a data de publicação deste livro, foi um dos impulsos para a criação dos Fiagros, que herdaram dos FIIs muitas de suas principais características.

A gestação dos Fiagros

Em março de 2021, após meses de negociações e trâmites burocráticos nas duas casas do Congresso Nacional, a Lei nº 14.130 foi promulgada pela Presidência da República, instituindo os Fundos de Investimento nas Cadeias Produtivas Agroindustriais. O próprio documento faz referência à denominação simplificada: Fiagro.

DIÁRIO OFICIAL DA UNIÃO

Publicado em: 30/03/2021 | Edição: 60 | Seção: 1 | Página: 7

Órgão: Atos do Poder Legislativo

LEI Nº 14.130, DE 29 DE MARÇO DE 2021

Altera a Lei nº 8.668, de 25 de junho de 1993, para instituir os Fundos de Investimento nas Cadeias Produtivas Agroindustriais (Fiagro), e a Lei nº 11.033, de 21 de dezembro de 2004; e dá outras providências.

Reprodução parcial da página da Imprensa Nacional com a publicação do Diário Oficial da União versando sobre a Lei dos Fiagros (fonte: https://www.in.gov.br/en/web/dou/-/ lei-n-14.130-de-29-de-marco-de-2021-311357586 – *link* acessado em 19/04/2023).

Ativos cobertos pelos Fiagros

A seguir, reproduzimos na íntegra o artigo da Lei nº 14.130, que versa sobre as possíveis destinações para alocação de recursos por parte dos Fiagros:

"Art. 20-A. São instituídos os Fundos de Investimento nas Cadeias Produtivas Agroindustriais (Fiagro), a serem constituídos sob a forma de condomínio de natureza especial destinado à aplicação, isolada ou conjuntamente, em:

I – imóveis rurais;

II – participação em sociedades que explorem atividades integrantes da cadeia produtiva agroindustrial;

III – ativos financeiros, títulos de crédito ou valores mobiliários emitidos por pessoas físicas e jurídicas que integrem a cadeia produtiva agroindustrial, na forma de regulamento;

IV – direitos creditórios do Agronegócio e títulos de securitização emitidos com lastro em direitos creditórios do Agronegócio, inclusive certificados de recebíveis do Agronegócio e cotas de fundos de investimento em direitos creditórios e de fundos de investimento em direitos creditórios não padronizados que apliquem mais de 50% (cinquenta por cento) de seu patrimônio nos referidos direitos creditórios;

V – direitos creditórios imobiliários relativos a imóveis rurais e títulos de securitização emitidos com lastro nesses direitos creditórios, inclusive certificados de recebíveis do Agronegócio e cotas de fundos de investimento em direitos creditórios e de fundos de investimento em direitos creditórios não padronizados que apliquem mais de 50%

(cinquenta por cento) de seu patrimônio nos referidos direitos creditórios;

VI – cotas de fundos de investimento que apliquem mais de 50% (cinquenta por cento) de seu patrimônio nos ativos referidos nos incisos I, II, III, IV e V deste caput.

§ 1º Os Fiagro poderão arrendar ou alienar os imóveis rurais que venham a adquirir.

§ 2º No arrendamento de imóvel rural pelos Fiagro, prevalecerão as condições livremente pactuadas no respectivo contrato, ressalvado que, na falta de pagamento dos valores devidos pelo arrendatário, eventual determinação judicial de desocupação coincidirá com o término da safra que esteja plantada na época do inadimplemento, quando aplicável, respeitado o prazo mínimo de 6 (seis) meses e máximo de 1 (um) ano.

§ 3º Incluem-se no rol de ativos constantes do inciso III do caput deste artigo os títulos de crédito e os valores mobiliários previstos na:

I – Lei nº 8.929, de 22 de agosto de 1994;

II – Lei nº 11.076, de 30 de dezembro de 2004; e

III – Lei nº 13.986, de 7 de abril de 2020."

Cabe complementar que a Lei nº 8.929 é referente à instituição da CPR (Cédula de Produto Rural), que pode ser emitida por produtores rurais individuais ou em associações, como as cooperativas, sendo títulos líquidos e certos, conforme a quantidade e qualidade dos produtos neles especificados, passíveis de serem negociados em mercados de Bolsa e Balcão.

Já a Lei nº 11.076 trata de CDA (Certificado de Depósito Agropecuário), WA (*Warrant* Agropecuário), CDCA (Certificado de

Direitos Creditórios do Agronegócio), LCA (Letra de Crédito do Agronegócio) e CRA (Certificado de Recebíveis do Agronegócio), cuja importância para o agronegócio é refletida na carteira da maioria absoluta dos Fiagros listados na B3 até a data de publicação deste livro.

Por fim, a Lei nº 13.986 é referente à criação do FGS (Fundo Garantidor Solidário), com disposição *sobre o patrimônio rural em afetação, a Cédula Imobiliária Rural (CIR), a escrituração de títulos de crédito e a concessão de subvenção econômica para empresas cerealistas*", incluindo alterações de diversas leis e decretos anteriores.

Formas de constituição dos Fiagros

Os Fiagros podem ser constituídos com prazo de duração determinado. Porém, a maioria deles vem ao mercado com prazo de duração indeterminado, ou seja, sem o estabelecimento de uma data para sua liquidação, que pode ocorrer quando seus ativos são alienados e o montante arrecado é distribuído para os cotistas.

Os Fiagros também podem atuar como condomínio fechado ou aberto. Um fundo de investimento composto como um condomínio fechado não permite o resgate de cotas e não há permissão para o ingresso de novos cotistas após a conclusão da emissão das cotas. Já o fundo de investimento ordenado como um condomínio aberto permite o resgate de cotas por parte do investidor, a qualquer momento. Neste caso, o patrimônio do fundo pode variar conforme o volume de aportes ou saques promovidos pelo conjunto de investidores.

Os Fiagros listados na B3 atuam como condomínios fechados, cujas cotas podem ser negociadas no mercado secundário, via *Home Broker*, de modo que o cotista não promove o resgate de valores do fundo, mas pode vender suas cotas para outros investidores. Assim, o patrimônio do fundo poderá crescer mediante a emissão de novas cotas, além daquelas disponibilizadas originalmente, via IPO – sigla em inglês para *Initial Public Offering*, que significa Oferta Pública Inicial.

Aspectos técnicos de negociação

Assim como os FIIs, as cotas dos Fiagros podem ser negociadas mediante *tickers* compostos por quatro letras seguidas pelo número 11. Por exemplo, o código de negociação do Galápagos Recebíveis do Agronegócio – Fiagro-Imob é GCRA11. Pode ocorrer de um *ticker* conter a letra B após o numeral 11, o que significa que o Fiagro em questão é negociável em mercado de Balcão organizado.

A cotação dos Fiagros é expressa em reais (R$) por cota, com o limite de duas casas decimais. Ao contrário das ações das empresas de capital aberto, que são negociadas em lotes padronizados de cem unidades, as cotas dos Fiagros podem ser negociadas unitariamente, sem diferenciação de preços.

Na Bolsa de Valores, as cotas dos Fiagros são negociadas sempre à vista, mas o prazo de liquidação se dá em D+2, a partir da data de negociação. Ou seja, quem vende a cota de um Fiagro no dia 1, por exemplo, receberá o valor em sua conta no dia 3, sempre considerando os dias úteis, uma vez que a B3 não promove pregões em fins de semana e feriados.

Diferenças na distribuição de proventos

Embora os Fiagros sejam descendentes diretos dos FIIs, existem algumas diferenças entre essas duas classes de ativos geradores de renda passiva. Enquanto a maioria dos FIIs faz distribuição mensal de proventos, parte dos Fiagros pode fazer este procedimento trimestralmente, por exemplo.

Os Fiagros, ao contrário dos FIIs, não são obrigados a distribuir 95% da receita semestral. Logo, os gestores dos Fiagros possuem mais liberdade para elaborar suas estratégias de investimentos em relação aos gestores dos FIIs, que, especialmente no caso dos fundos de tijolos, precisam garantir a manutenção e remodelação dos imóveis.

II – PANORAMA DO AGRONEGÓCIO NO BRASIL

Para compreendermos a importância do setor agrícola na história e na economia brasileira, podemos começar pela definição do próprio país. O Brasil é a única nação do mundo batizada com o nome de uma árvore, o pau-brasil, uma espécie típica da Mata Atlântica, cuja resina avermelhada servia para tingir tecidos, além de sua madeira ser ótima para a construção de móveis.

O pau-brasil foi a primeira fonte de riqueza para Portugal relacionada à chegada, em 1500, ao local que chamaram de Terra de Santa Cruz, uma das denominações que o Brasil recebeu originalmente. A extração de milhares de árvores era feita essencialmente na costa, nas feitorias de Cabo Frio (Rio de Janeiro), Porto Seguro (Bahia) e Igarassu (Pernambuco), antes mesmo da implantação das capitanias hereditárias em 1530.

O trabalho era feito pelos índios na base do escambo, pois eles recebiam pequenos objetos, como facas e espelhos, em troca das toras que eram armazenadas nas feitorias, antes de serem embarcadas para a Europa. Essa exploração foi diminuindo em importância, mas se manteve até as primeiras décadas do século 19, a ponto de o pau-brasil correr risco de ser extinto.

Podemos dividir a evolução do agronegócio brasileiro em duas fases: antes e depois de 1930. Desde o início da colonização portuguesa até 1930, o modelo desenvolvimentista implantado era agrário-exportador. Deste modo, tivemos seis ciclos econômicos no Brasil pré-1930, sendo quatro agrícolas, um com produto fruto do extrativismo florestal e um com extrativismo mineral.

O plantio da cana-de-açúcar

Se a exploração do pau-brasil era baseada no simples extrativismo, a introdução da cultura da cana-de-açúcar no interior da colônia representou, de fato, o início das atividades agrícolas e industriais na América Portuguesa, por intermédio das sesmarias, nas quais grandes porções de terra eram ocupadas no entorno dos engenhos que faziam a moenda, após as colheitas.

Os portugueses já dominavam a técnica de produção de açúcar, um produto cada vez mais valorizado na Europa, em função da exploração de mão de obra escravizada na Ilha da Madeira, em Açores e Cabo Verde. Porém, a partir de 1530, o plantio de canaviais passou a ser a base econômica de interesse da metrópole, dando início ao que ficou conhecido como o Ciclo do Açúcar.

Graças aos engenhos implantados inicialmente nas regiões onde hoje ficam os estados de São Paulo e Pernambuco, os portugueses conseguiram refrear as invasões de outros povos colonizadores, como os franceses e holandeses.

Diante das dificuldades para utilizar mão de obra escravizada dos indígenas brasileiros, em função da resistência dos povos que aqui viviam e da contrariedade dos jesuítas que os catequizavam, os portugueses decidiram trazer pessoas escravizadas do continente africano.

Engenho de cana-de-açúcar no Nordeste brasileiro, conforme retrato artístico de 1816 realizado por Henry Koster (1784-1820).

Para alimentar este contingente populacional em formação, no entorno dos engenhos, que poderiam ser movidos a recursos hídricos ou tração animal, foram se formando roças para o cultivo de frutas, verduras e legumes, além da criação de animais para fonte de proteínas, como o leite e a carne. Nas casas de engenhos se produzia também a cachaça, bebida típica brasileira.

Portugal colheu expressivos lucros das *plantations* brasileiras, que se reduziram com a concorrência de holandeses, franceses e ingleses. Durante o século 17, intensificou-se o plantio de cana na região do Caribe, que era competitiva em termos de produção e tinha uma localização melhor em relação à Europa. A dependência em relação ao açúcar produzido em terras brasileiras diminuiu e passou a ser necessário buscar alternativas para a economia colonial.

Apesar do declínio econômico do Ciclo do Açúcar, em nenhum momento o cultivo dos canaviais deixou de ser relevante no cenário brasileiro. A cana-de-açúcar voltou a ser uma das protagonistas do PIB (Produto Interno Bruto) brasileiro na década de 1970, com a implantação do Proálcool (Programa Nacional do Álcool) por parte do Governo Federal. O objetivo era diminuir a dependência da gasolina como principal combustível da frota de automóveis, substituindo-a pelo etanol, em função da crise mundial do petróleo deflagrada pela OPEP (Organização dos Países Exportadores de Petróleo), que elevou artificialmente o preço do barril do petróleo, causando inflação em vários países do mundo.

Com a viabilização dos motores flexíveis por parte da indústria automobilística a partir de 2003, que admitem gasolina e etanol como combustíveis, além da adoção obrigatória do etanol na composição da gasolina brasileira em 27%, a cultura da cana-de-açúcar segue em evidência, principalmente nos estados de São Paulo, Minas Gerais e Goiás.

O caminho do ouro e do diamante

No final do século 17, os bandeirantes que partiam de São Paulo em direção ao interior da colônia, em busca de pedras e metais preciosos, descobriram reservas de ouro e diamante nos leitos dos rios que cortavam a região onde hoje fica o estado de Minas Gerais. As minas de ouro também foram exploradas, em menor escala, no Mato Grosso e em Goiás, provocando a migração de habitantes das regiões costeiras para o miolo do continente.

A atividade de mineração se desenvolveu com maior força durante o século 18, causando o aumento da população na América Portuguesa, cujo território igualmente se expandia em contraponto aos limites estabelecidos pelo Tratado de Tordesilhas, firmado ainda em 1494 entre Portugal e Espanha para repartir as terras do que seria o novo mundo nos mares do sul.

Embora o ciclo do ouro e do diamante não tenha representado uma atividade agrária ou florestal, as consequências econômicas neste sentido foram importantes, pois a produção agrícola e pecuária foi se diversificando aos poucos, para suprir o aumento da demanda de um contingente populacional em lento crescimento, num processo que incluiu a fundação de cidades como Diamantina, Mariana e Ouro Preto.

Outra consequência do Ciclo da Mineração no Brasil Colônia foi a mudança da capital, de Salvador para o Rio de Janeiro, para controlar e tributar mais eficazmente esta atividade em prol de Portugal, que repassava boa parte dos valores arrecadados para a Inglaterra, com quem mantinha uma relação de dependência econômica.

A alta carga de impostos relativa principalmente à extração do ouro no Brasil foi a causa de revoltas localizadas, entre elas a Inconfidência Mineira, em 1789, e a Conjuração Baiana, em 1798.

As pedras e os metais preciosos extraídos das cidades mineiras eram escoados pela Estrada Real até os portos de Paraty e Rio de Janeiro, permitindo o desenvolvimento de pequenos núcleos urbanos no Vale do Paraíba, entre os atuais estados de Rio de Janeiro e São Paulo, onde uma nova cultura mudaria os rumos da economia do Brasil, com a implantação de fazendas de café no século 19.

A vez do algodão

Uma combinação de fatores históricos permitiu o início do Ciclo do Algodão no Brasil Colônia, entre meados do século 18 e início do século 19: a Revolução Industrial iniciada na Inglaterra, que impulsionou as tecelagens naquele país, e a obtenção da independência, em 1776, das trezes colônias britânicas na América do Norte, que formaram o núcleo inicial dos Estados Unidos.

As colônias norte-americanas eram as principais fornecedoras de algodão, a matéria-prima da indústria têxtil inglesa. Com o rompimento temporário entre Estados Unidos e Inglaterra, os empresários da antiga metrópole necessitavam de um novo polo fornecedor de algodão e isso foi possível com os latifúndios de monocultura baseada em mão de obra escravizada, implantados na região Nordeste do Brasil, especialmente onde hoje ficam os estados do Maranhão, Ceará e Pernambuco.

Vinte anos antes de os norte-americanos romperem com os ingleses, porém, a colônia brasileira já contava com a Companhia Geral do Comércio do Grão-Pará e do Maranhão, uma organização que impulsionou a cadeia de produção do algodão, centralizando a aquisição da mão de obra escravizada africana e promovendo a comercialização do produto no mercado europeu. Além da Inglaterra, a França era uma grande compradora do algodão brasileiro.

O arrefecimento do ciclo da cotonicultura, com o início do período cafeeiro, não significou o fim da produção de algodão na América do Sul. Pelo contrário, o Brasil segue sendo um dos principais produtores de algodão no mundo, tendo como compradores países como China, Coreia do Sul, Indonésia e Malásia.

O café trilha novos rumos para a economia brasileira

A chegada da corte portuguesa ao Brasil, em 1808, quando Dom João e sua comitiva se protegeram da invasão de Portugal pelas tropas francesas de Napoleão Bonaparte, trouxe mudanças significativas para a economia brasileira: a fundação dos primeiros bancos, a implantação da Casa da Moeda e a permissão para impressão de livros e jornais, entre outros tipos de manufatura que passaram a ser autorizados.

Em 1822, Dom Pedro decretaria a independência do Brasil frente a Portugal, alterando o *status* da colônia para uma nação imperial. O que não mudou foi a vocação do Brasil para exportar produtos agrícolas para as nações europeias e agora também para os Estados Unidos. Já nas primeiras décadas do século 19 não era mais o açúcar que liderava as movimentações nos portos brasileiros, mas os grãos de café, dos quais até hoje se produz uma das bebidas mais consumidas em todos os continentes.

As primeiras mudas de café chegaram ao Brasil na região do Pará, vindas da Guiana Francesa, ainda em 1727. Inicialmente, o cultivo do café era restrito ao abastecimento doméstico, mas nas primeiras décadas do século 19 os cafezais já ocupavam grandes extensões de terras da Baixada Fluminense e do Vale do Paraíba.

Aos poucos, o cultivo do café foi se expandindo em direção ao Planalto Paulista, enriquecendo cidades como Campinas e Ribeirão Preto, lugares onde as terras mais férteis aumentaram significativamente a produção dos grãos, originando uma nova classe de proprietários de terras: os chamados Barões do Café, com poder aquisitivo, inclusive, para financiar a implantação de uma malha ferroviária com vistas a escoar as sacas para o porto de Santos, passando por São Paulo.

Paralelamente, a partir de 1870, ocorria a paulatina substituição da mão de obra dos escravizados africanos e seus descendentes pelo trabalho remunerado de imigrantes europeus, principalmente os italianos, mediante incentivos do poder público. Deste modo, com a queda do Império em 1889, logo após a abolição da escravização, a proclamação da República se dava em meio a um contingente populacional com poder aquisitivo suficiente para suportar os primeiros sinais da tardia industrialização do país, cujo capital inicial vinha justamente dos lucros das fazendas de café.

Além dos imigrantes italianos, a partir do fim do século 19 o Brasil começou a receber ondas de alemães, poloneses, ucranianos, russos e japoneses, entre outros. Não apenas para trabalhar nas fazendas de café, mas também para ocupar glebas em estados como Rio Grande do Sul, Santa Catarina, Paraná e Espírito Santo. Nestas glebas, também conhecidas como colônias, a diversificação da produção agrícola finalmente passou a ser incentivada, em cada região.

Porém, a importância do café na economia nacional era tão grande que o período hoje conhecido como República Velha foi marcado pela Política do Café com Leite, uma vez que os primeiros presidentes do Brasil se alternavam entre as oligarquias de São Paulo, ligada aos produtores de café, e Minas Gerais, comandada pelos produtores de leite.

Esse cenário ruiu com a Revolução de 1930, quando Getúlio Vargas tomou o poder executivo, logo após o *Crash* da Bolsa de Nova York em 1929, que mergulhou o Ocidente numa longa depressão, derrubando a cotação das *commodities* no mercado internacional, encerrando o Ciclo do Café no Brasil, a despeito de o país ainda ser um dos principais produtores e exportadores do grão no mundo.

A borracha amazônica

Entre 1879 e 1912, a economia brasileira, em especial nos estados do Amazonas e Pará, também se beneficiou com o Ciclo da Borracha, a partir da extração do látex das seringueiras, árvores típicas da Floresta Amazônica, fartamente encontradas na bacia hidrográfica do Rio Amazonas.

Embora as propriedades da borracha já fossem conhecidas, o impulso para sua produção em larga escala se deu como consequência da Revolução Industrial e após o desenvolvimento do processo de vulcanização por Charles Goodyear em 1839, que tornava a borracha muito mais resistente às variações de temperatura. A invenção do automóvel, já no final do século 19, deu um grande impulso para a exploração dos seringais brasileiros, cujo látex era a matéria-prima dos pneumáticos veiculares.

Inclusive, Henry Ford planejou instalar uma cidade inteira nas margens do Rio Tapajós, em terras paraenses, para potencializar a produção da borracha utilizada nos carros de sua marca. De Fordlândia, porém, ficaram somente as ruínas. Sua decadência coincidiu com o declínio do Ciclo da Borracha, quando os ingleses contrabandearam mudas de seringueiras para suas colônias no sudeste da Ásia, onde se multiplicaram em função da ótima aclimatação, especialmente na Malásia.

Após ter atraído um contingente populacional para Belém e Manaus, onde a riqueza recolhida dos seringais deixou vestígios culturais e arquitetônicos, a economia em torno do látex teve um renascimento momentâneo durante a Segunda Guerra Mundial, pois os Estados Unidos, em seu esforço junto aos Aliados, passaram a consumir grandes quantidades de borracha entre 1942 e 1945.

Um momento de transição

A ascensão de Getúlio Vargas em 1930 – no contexto da crise

dos preços do café, em função da quebra da Bolsa de Nova York em 1929, resultando na queda de rentabilidade dos grãos no Brasil e no rompimento do acordo entre São Paulo e Minas Gerais, que sustentava a República Velha ou Primeira República (1889-1930) –, fez nascer um novo modelo de desenvolvimento do Estado brasileiro, diferente do padrão agrário-exportador, predominante no Brasil Colônia (1500-1822), no Brasil Império (1822-1889) e na Primeira República (1889-1930).

A crise do café proporcionou as condições para a industrialização brasileira. Os dois governos de Getúlio Vargas (a ditadura entre 1930 e 1945, e o mandato democrático entre 1951 e 1954), além do período de Juscelino Kubitschek no poder (entre 1956 e 1961) fizeram uma profunda mudança na matriz econômica e populacional brasileira.

Trilhadeiras artesanais de feijão, milho e soja, desenvolvidas pelos irmãos Mantei na Linha Silva Jardim em Cândido Godói, interior do Rio Grande do Sul, no começo da década de 1950.

O êxodo rural

Como reflexo desse cenário, o Brasil testemunhou um intenso êxodo rural, ou seja, a migração de pessoas do campo para as cidades, em especial Rio de Janeiro e São Paulo, a ponto de, em meados dos anos de 1960, ocorrer a mudança do perfil populacional do país, com a maioria dos seus habitantes passando a morar em territórios urbanos. Segundo o IBGE, mais de 80% dos brasileiros já viviam em cidades na segunda década do século 21.

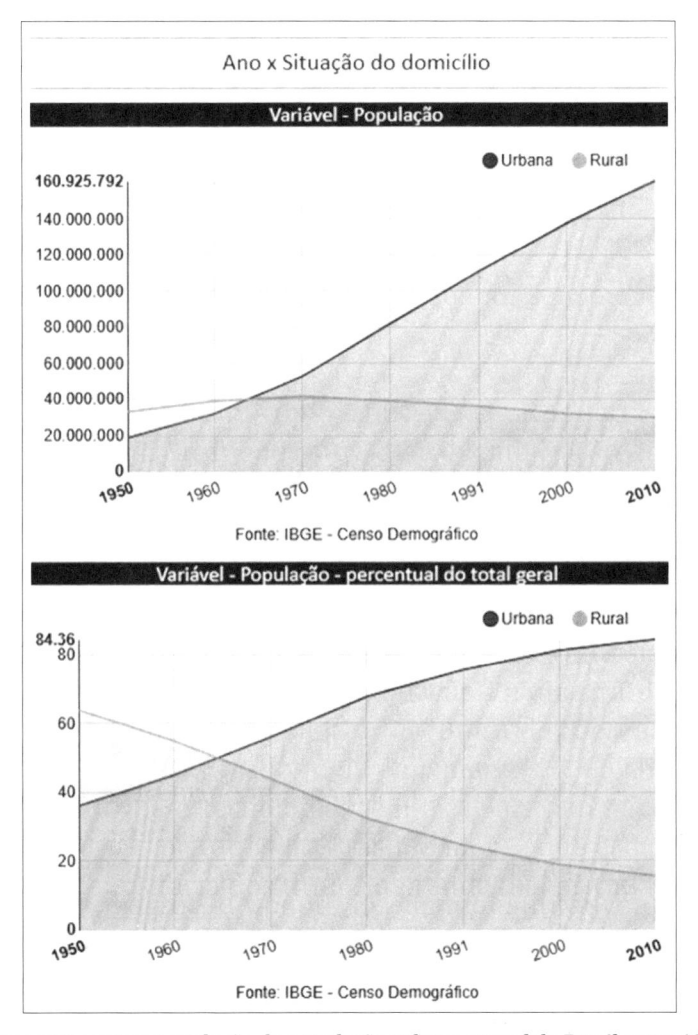

Gráficos apresentam a evolução da população urbana e rural do Brasil entre 1950 e 2010, de acordo com os censos demográficos do IBGE (fonte: https://sidra.ibge.gov. br/tabela/1288#resultado – *link* acessado em 19/04/2023). Obs.: as imagens foram geradas com a ferramenta para "Gráficos" em "Funções", com a opção "Linhas" para "Tipo de gráfico", a escolha de "Ano" para o campo "No eixo", e a marcação positiva para "Usar legenda", especificando "Situação do domicílio". Em "Estilo", marcou-se "Visualizar área".

Em função da tecnologia mais cara para sustentar a produção agrícola e pecuária, muitos produtores rurais se viram insolventes, com dívidas cada vez maiores para atualizar maquinários e obter os insumos químicos necessários. Consequentemente, houve um aumento na concentração de terras e de renda no setor primário da economia.

O deslocamento de ruralistas do sul para o norte

Um movimento de migração menos perceptível, mas igualmente importante para o agronegócio brasileiro, teve início na década de 1960, com ida de colonos gaúchos e catarinenses para o noroeste do Paraná, em busca de terras mais baratas e ainda por serem desbravadas.

As colônias rurais do Rio Grande do Sul e de Santa Catarina foram incentivadas pelo governo federal ainda nas primeiras décadas do século 20, absorvendo famílias de imigrantes europeus vindos principalmente da Alemanha e da Itália. Estas famílias levaram para o Brasil, onde se instalaram em municípios como Santa Rosa e Chapecó, os costumes que tinham no Velho Mundo, quer seja: formar uma prole numerosa para ajudar no cultivo da terra.

Ocorre que, a cada geração dessas famílias, as colônias eram subdivididas entre os filhos que não migravam para as cidades, inviabilizando, no longo prazo, o sustento dos membros mais novos de cada clã. Por isso, a busca por novas fronteiras agrícolas seguiu pela divisa do Brasil com a América Espanhola, alcançando os estados de Mato Grosso do Sul, Mato Grosso e Rondônia, no limiar da Floresta Amazônica.

Dessa forma, foi estabelecida, pela primeira vez, uma política nacional de financiamento para o setor agrícola, impulsionando a sua modernização por intermédio do cultivo de grãos em novas áreas. Além do crédito facilitado com juros subsidiados, os agricultores passaram a contar com assistência técnica apoiada em pesquisa agropecuária, incluindo a adoção dos seguros e da expansão da infraestrutura para armazenagem e escoamento da produção agrícola.

Em meio século, o perfil de ocupação dessas terras foi se modificando paulatinamente, com maiores áreas de plantio, adoção de equipamentos e técnicas mais modernas de cultivo – difusão de conhecimento que passa pela fundação da Embrapa (Empresa Brasileira de Pesquisa Agropecuária) em 1973 –, além da criação de cooperativas paralelamente ao desenvolvimento de cidades como Palotina no Paraná, Maracaju no Mato Grosso do Sul e Lucas do Rio Verde no Mato Grosso. Esse movimento também se espraiou para os estados de Goiás e Bahia, fazendo aumentar a produção nacional de soja, algodão e milho, além da já estabelecida pecuária extensiva.

O perfil dos produtores rurais modernos

O agronegócio moderno fez surgir uma nova classe de latifundiários, não mais restritos às Capitanias Hereditárias de outrora, mas com origens ligadas aos imigrantes tardios que chegaram ao Brasil a partir da abolição da escravização, no final do século 19, com novas levas motivadas pelos reflexos da Primeira Guerra Mundial, entre 1914 e 1918.

Conforme o Censo Agro 2017 do IBGE, o Brasil contava com aproximadamente 4,6 milhões de estabelecimentos rurais, dos quais 91% eram formados por propriedades inferiores a 500 hectares, cuidadas por 4,2 milhões de agricultores resilientes ou vulneráveis, respondendo por 26% do valor bruto da produção agrícola nacional e 26% da área ocupada neste sentido.

Área ocupada, por tipo de agricultura (%) ● Familiar ● Não familiar

- Pernambuco
- Ceará
- Acre
- Sergipe
- Amazonas
- Paraíba
- Piauí
- Santa Catarina
- Rondônia
- Rio Grande do Norte
- Alagoas
- Espírito Santo
- Bahia
- Maranhão
- Pará
- Roraima
- Minas Gerais
- Rio Grande do Sul
- Paraná
- Rio de Janeiro
- Amapá
- Tocantins
- Goiás
- São Paulo
- Mato Grosso
- Distrito Federal
- Mato Grosso do Sul

De acordo com Censo Agro 2017 do IBGE, "Pernambuco, Ceará e Acre têm as maiores proporções de área ocupada pela agricultura familiar. Já os estados do Centro-Oeste e São Paulo têm as menores" (fonte: https://censoagro2017.ibge.gov.br/templates/censo_agro/resultadosagro/pdf/agricultura_familiar.pdf – link acessado em 19/04/2023).

Pela nomenclatura da Embrapa, os produtores rurais vulneráveis atuam na Agricultura 1.0, baseada na mão de obra extensiva, porém com baixa produtividade.

Embora ocupando 25% da área agrária no Brasil, os 54 mil agricultores extensivos, donos de terras com mais de 500 hectares, respondiam por apenas 1,7% do valor bruto da produção agrícola brasileira.

Produtores rurais extensivos e resilientes transitam entre a Agricultura 2.0, que já compreende a Revolução Verde, o melhoramento genético, o uso de pesticidas e fertilizantes e os maquinários agrícolas; e a Agricultura 3.0, que opera com maior precisão, mediante sistemas de posicionamento global, adoção de biotecnologia e *softwares* agrícolas.

Apenas 8% dos agricultores brasileiros, formados por uma elite de 43 mil estabelecimentos e por 350 mil empreendedores proprietários de fazendas com mais de 500 hectares, respondiam por 82% do valor bruto da produção agrícola brasileira, ocupando 39% da área destinada à agricultura no país.

Por fim, os estabelecimentos tocados pela elite dos produtores rurais e pelos empreendedores se dividem entre a Agricultura 4.0, que já utiliza ferramentas tecnológicas de sensoriamento, com o auxílio de *drones*, imagens de satélites e aplicações móveis; e a Agricultura 5.0, favorecida pela Inteligência Artificial, ferramentas avançadas de análise de dados, integração desses dados com os sistemas de gerenciamento e monitoramento, além do uso da robótica, desaguando numa agricultura mais autônoma.

O descortinar para o futuro

Meio milênio após a chegada dos europeus, o Brasil tornou-se uma das grandes nações do agronegócio global, ao lado de China, Estados Unidos, Índia e Rússia, Ucrânia e Argentina. O país está entre os líderes mundiais na produção de alimentos (seja *in natura* ou processados) e biocombustíveis, além de ostentar boa posição nos ramos têxteis e de madeiras certificadas.

Apesar de suas dimensões continentais, o Brasil ocupa menos de 10% de seu território com lavouras, o que lhe franqueia potencial de crescimento da atividade agrária. Outro fator que beneficia o agronegócio brasileiro é a abundância de bacias hidrográficas, solos naturalmente férteis e ótima exposição à luminosidade natural, em função de sua proximidade com a Linha do Equador e relativa distância do Polo Sul.

Após séculos da exploração de monoculturas, o Brasil finalmente está bem servido de diversificação na produção de bens primários. Além das culturas tradicionais, como o café e a cana-de-açúcar, os produtores brasileiros ofertam para nossas mesas grande variedade de frutas, flores e hortaliças, bem como carnes e ovos. Complementam o cardápio de receitas as importantes produções de soja, milho, arroz, feijão, trigo, algodão, cacau, madeira, celulose, fumo e borracha.

As empresas familiares do agronegócio brasileiro, que são passadas de pais para filhos ao longo das gerações, investem cada vez mais em tecnologias para melhoria constante da produtividade, com fazendas cada vez mais equipadas e integradas com sistemas digitais de controle e gestão de recursos.

Porém, nem tudo são flores no campo. As mudanças climáticas representam desafios crescentes para os produtores rurais, que devem lidar cada vez mais com a intensidade das chuvas intercaladas com estiagens mais acentuadas. As pragas e doenças relacionadas às lavouras exigem investimentos constantes em pesquisas biológicas e tecnológicas.

As questões sociais e ambientais também são prementes no agronegócio, gerando debates além das esferas políticas, em que a bancada ruralista compõe parte importante no Congresso Nacional. O combate ao desmatamento e o respeito ao direito dos indígenas são cada vez mais cobrados por investidores internacionais, cujos fundos adotam o ESG (sigla em inglês para *"Environmental, Social, and Corporate Governance"* ou "Governança Ambiental, Social e Corporativa", em português) em seus critérios de alocação de capital.

A inserção dos Fiagros
no potencial do agronegócio brasileiro

O Fiagro surge na esteira da evolução regulatória, cujo objetivo é ampliar o financiamento privado do agronegócio, que já representa dois terços do crédito rural brasileiro. Estima-se que a demanda por crédito rural seja de R$ 750 bilhões por ano, no início da década de 2020. Este número tende a crescer.

O agronegócio, longe de ser uma atividade de mera subsistência, exige cada vez mais financiamento para sua manutenção e expansão. Para além do papel dos bancos neste sentido, estão os Fiagros, uma ferramenta de manejo de recursos em renda variável, que permite ao investidor pessoa física compartilhar os benefícios de uma grande fonte de riqueza e divisas para o Brasil.

Levando em conta os constantes ganhos de produtividade, incluindo o aumento de área plantada e a produção dos principais grãos necessários para alimentar a população mundial com tendência de crescimento para as décadas seguintes (dos 7,7 bilhões de habitantes verificados em 2019 para os 9,7 bilhões estimados em 2050, de acordo com estudo divulgado pela ONU), é possível projetar que o Brasil terá importância cada vez maior no cenário econômico global.

Além do crescimento populacional, o fenômeno da urbanização também tende a se intensificar em vários países, aumentando o consumo de proteínas animais, resultando em maior demanda por rações baseadas em milho e soja, especialmente para suprir a criação de aves e suínos. Ou seja, há espaço e necessidade de crescimento para o agronegócio brasileiro, e o financiamento oferecido pelos Fiagros pode ser um fator decisivo nesta equação.

III – O LEQUE DE INVESTIMENTOS NO AGRONEGÓCIO

Na média, o investidor individual brasileiro é uma pessoa urbana que primordialmente aloca suas economias em renda fixa e tem apreço pelos imóveis tradicionais. Porém, aos poucos, a cultura de investimentos dos brasileiros está mudando com a crescente adesão ao ambiente da renda variável refletida, inclusive, no crescimento do número de investidores em fundos imobiliários, uma vez que comprar imóveis à vista é uma realidade para poucos.

De modo semelhante, comprar terras no Brasil é uma atividade severamente restringida, não apenas pelos altos valores nominais das propriedades, mas pelas dificuldades que as pessoas de fora do meio rural possuem para avaliar fatores essenciais na escolha de boas terras, com potencial de retorno financeiro.

O investimento direto em terras é também um empreendimento

Quando se pensa em investimento no agronegócio, a compra direta de sítios e fazendas logo vem à mente dos interessados no tema. Ocorre que, para quem não tem experiência com atividades rurais ou mesmo uma tradição familiar no assunto, rentabilizar uma propriedade não é simples, pois é necessário envolvimento direto com o cotidiano da propriedade. Logo, não há como ser apenas um investidor em terras: é preciso ser também um empreendedor, afinal de contas, *"é o olho do dono que engorda o boi."*

O desafio para investir em terras começa pela escolha da propriedade. Se um imóvel urbano tem seu preço ancorado no metro quadrado, as propriedades rurais são contadas pelos hectares. Cada hectare corresponde a 10 mil metros quadrados. Usualmente, imóveis rurais de até 12,1 hectares são considerados de pequeno porte, recebendo a denominação de chácaras. Os sítios são imóveis rurais de médio porte, com até 96,8 hectares. Acima disso estão as fazendas, que são propriedades rurais de grandes extensões.

As propriedades rurais também podem ter sua área quantificada em alqueires, com medidas variáveis conforme a região do país. Por exemplo, um alqueire paulista equivale a 2,42 hectares.

Como todo imóvel, o item mais importante numa análise para aquisição de uma propriedade rural é a localização. As terras em questão estão próximas de rodovias ou ferrovias conservadas? Há no entorno alguma estrutura de apoio, como silos de armazenagem, abatedouros ou mesmo centros de pesquisas e sedes de cooperativas? Existe uma rede de suporte técnico nas redondezas?

Dentre os estados que mais atendem aos pontos abordados anteriormente estão Rio Grande do Sul, Santa Catarina, Paraná, São Paulo, Minas Gerais, Mato Grosso do Sul, Mato Grosso, Goiás, Tocantins e Bahia, pois combinam, ainda, um bom clima e grandes extensões com solos de qualidade.

É preciso atentar, ainda, para a topografia da área em questão: ela é predominantemente plana ou tem perfil acidentado? Existem curvas de nível nas terras ligeiramente inclinadas? É possível instituir platôs para compensar declividades mais acentuadas? Qual seria o custo disso?

O questionamento prossegue: a propriedade em voga é servida por recursos hídricos? Há alguma nascente no local? As terras são cortadas por algum córrego, ribeirão ou rio? Existe a presença de algum açude, lago ou mesmo uma lagoa? Quem sabe uma represa? Na ausência desses recursos, é possível captar água do subsolo? A qual profundidade? Existem vários aspectos que podem ser analisados neste item, que têm seus pontos positivos e negativos. Se por um lado uma fonte de água é sempre benéfica para as atividades humanas, a lei a respeito de sua preservação ambiental pode ser restritiva para o cultivo pleno da propriedade.

Logicamente, a qualidade do solo e das instalações rurais não pode ser ignorada: é preciso fazer um trabalho de recuperação nas terras? Há problemas com erosões? É possível melhorar a drenagem, caso necessário? As eventuais residências estão em condições de serem habitadas? Os galpões e as garagens dos maquinários precisam de reformas? Os equipamentos precisam ser trocados ou revisados? Há mão de obra qualificada para tanto?

A CNA (Confederação da Agricultura e Pecuária do Brasil), por intermédio do SENAR (Serviço Nacional de Aprendizagem Rural), oferece um serviço gratuito de assistência técnica e gerencial para os produtores rurais brasileiros, conforme o organograma acima (fonte: https://cnabrasil.org.br/assistencia-tecnica-e-gerencial – *link* acessado em 17/04/2023).

Enfim, são várias questões a que o investidor precisa responder antes de optar pela compra de uma propriedade rural. Entretanto, se ele deseja rentabilizar esta propriedade, ele deve se atentar para o percentual de área agricultável do imóvel, que será resultante da área total menos a Área de Reserva Legal (ARL) e a Área de Preservação Permanente (APP).

Por exemplo, segundo a legislação em vigor no momento da publicação deste livro, um imóvel rural em área de Floresta Amazônica deve contar com 80% de ARL, *a priori*. Já os imóveis rurais localizados no Cerrado devem ter ARL de 35%. Nos Campos Gerais e demais regiões do Brasil, a ARL mínima deve ser de 20%, de modo a preservar ou restituir a cobertura vegetal nativa da propriedade. Nessa conta pode ser incluída a APP, desde que o imóvel esteja incluso no CAR (Cadastro Ambiental Rural), tenha o aval do SISNAMA (Sistema Nacional do Meio Ambiente) e não resulte em desmatamento de ARL pré-existente.

Conforme definição da Embrapa, em consonância com a Lei nº 12.651/2012, uma APP

> *"é uma área protegida, coberta ou não por vegetação nativa, com a função ambiental de preservar os recursos hídricos, a paisagem, a estabilidade geológica e a biodiversidade, facilitar o fluxo gênico de fauna e flora, proteger o solo e assegurar o bem-estar das populações humanas".* (Fonte: https://www.embrapa.br/codigo-florestal/entenda-o-codigo-florestal/area-de-preservacao-permanente – *link* acessado em 20/04/2023)

Vale lembrar que a aquisição de um imóvel rural implica custos relativamente elevados com corretagem imobiliária, ITBI (Imposto sobre Transmissão de Bens Imóveis), registros de escrituras e transferências de matrículas em cartórios competentes. Os vendedores também estão sujeitos ao pagamento de Imposto de Renda sobre o ganho de capital.

De posse de um imóvel rural, a alternativa mais viável para o investidor rentabilizá-lo sem se envolver diretamente em seu cultivo se dá por meio de arrendamento ou parceria com um produtor rural.

No caso do arrendamento, o proprietário (arrendador) da chácara, sítio ou fazenda cede uma parte ou a totalidade da área agricultável para outra pessoa física ou jurídica (arrendatária), cabendo a esta realizar um pagamento periódico pelo usufruto da área arrendada, podendo ou não ter a opção de compra do imóvel ao final do contrato.

Dentre os tipos de arrendamento rural temos o agrícola, relacionado ao cultivo de espécies vegetais; o agroindustrial, relacionado ao beneficiamento de produtos agrícolas; de extração, seja de produto agrícola, animal ou florestal; e o pecuário, atrelado à criação de animais. O arrendamento misto engloba duas ou mais das modalidades anteriormente citadas.

Já a parceria é diferente do arrendamento. No segundo caso, o pagamento pelo uso do imóvel é semelhante a um aluguel de valores fixos e certos. Na parceria, porém, é estabelecida uma divisão de participações sobre os resultados obtidos nos cultivos. Deste modo, ocorre também uma divisão relacionada à tomada de riscos inerentes às atividades rurais.

Vale lembrar que os agricultores são exímios tomadores de risco e de crédito. Sem oferta de crédito, é praticamente inviável conduzir uma propriedade rural no longo prazo. E, se há concessão de crédito para produtores rurais, há possibilidade para a atuação de investidores neste segmento. Por isso, é importante tomar ciência de como as modalidades de concessão de crédito vêm evoluindo no Brasil, desde a década de 1990.

CPR – Cédula de Produto Rural

Em 1994, na esteira do Plano Real e do fim da hiperinflação que varreu o Brasil nos anos anteriores, foi criada a CPR Física, por meio da Lei nº 8.929. A Cédula de Produto Rural é um título emitido por um produtor rural individual ou por uma cooperativa, ancorado numa promessa de entrega de produto agropecuário no futuro. Por CPR Física entende-se que sua liquidação se dará com a entrega do produto propriamente dito, conforme quantidade e qualidade registradas no título em questão.

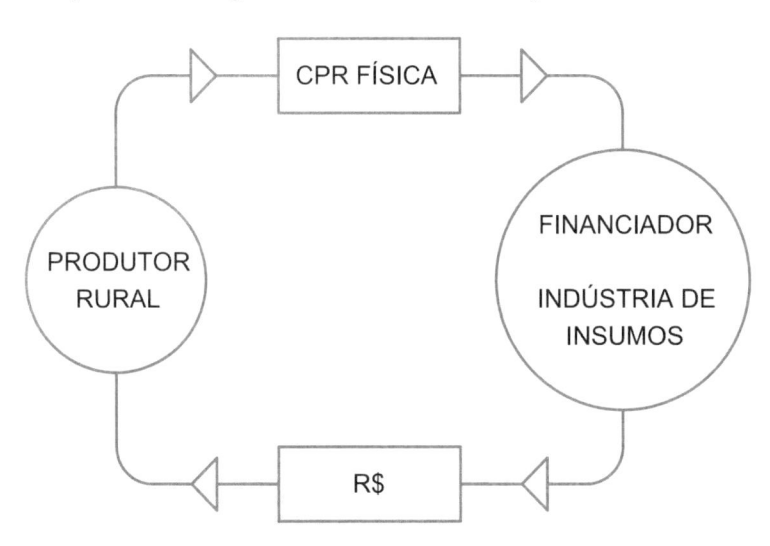

Na CPR Física, o produtor rural recebe o financiamento em reais por parte da indústria de insumos e efetua o pagamento com parte do resultado de sua produção. Elaboração: Suno Research.

Em 2001, a modalidade da CPR Financeira foi regulamentada pela Lei nº 10.200, permitindo a quitação do título com o pagamento financeiro da promessa acordada. Deste modo, a CPR em geral tornou-se o instrumento mais utilizado para o financiamento do agronegócio no Brasil, permitindo aos seus emissores a captação de recursos para a manutenção e expansão de suas atividades rurais.

Ainda conforme a Lei nº 8.929, de 1994, com redação complementar pela Lei nº 13.986, de 2020, uma CPR deve abranger os seguintes itens em sua redação:

I – denominação "Cédula de Produto Rural" ou "Cédula de Produto Rural com Liquidação Financeira", conforme o caso; II – data da entrega ou vencimento e, se for o caso, cronograma de liquidação; III – nome e qualificação do credor e cláusula à ordem; IV – promessa pura e simples de entrega do produto, sua indicação e as especificações de qualidade, de quantidade e do local onde será desenvolvido o produto rural; V – local e condições da entrega; VI – descrição dos bens cedularmente vinculados em garantia, com nome e qualificação dos seus proprietários e nome e qualificação dos garantidores fidejussórios; VII – data e lugar da emissão; VIII – nome, qualificação e assinatura do emitente e dos garantidores, que poderá ser feita de forma eletrônica; IX – forma e condição de liquidação; e X – critérios adotados para obtenção do valor de liquidação da cédula.

Também de acordo com a Lei nº 13.986, de 2020, tanto as CPRs Físicas quanto as CPRs Financeiras devem ser registradas em instituições reconhecidas pelo Banco Central do Brasil. Antes de 2021, a CPRs podiam ser registradas apenas em cartórios, sendo suas garantias relatadas em documentos à parte, podendo se dar por hipoteca, penhor ou alienação fiduciária dos bens nelas apresentados.

A B3, por exemplo, presta serviços integrados para registros de CPRs, que podem ser feitos de forma direta ou indireta, mediante intermediários. Neste caso, as garantias relacionadas às CPRs são registradas digitalmente em um dos 4.600 cartórios integrados ao Portal de Documentos. A B3 também permite o registro de endosso de CPRs, alterações de características conforme eventual repactuação dos acordos e consulta da publicidade de informações, que permitem análises de crédito mais eficientes.

Posto isso, vale destacar que a CPR é um título cambiável, que pode ser negociado em mercados secundários de Bolsa e de Balcão. Embora poucas corretoras negociem CPRs, elas são oferecidas por grandes bancos (como Santander e Banco do Brasil no momento da publicação deste livro), configurando-se como um investimento em renda fixa com taxa de rentabilidade relativamente elevada na comparação com os CDBs (Certificados de Depósitos Bancários), por exemplo, com a vantagem da isenção de IR (Imposto de Renda) e IOF (Imposto sobre Operações Financeiras). Entretanto, trata-se de uma aplicação com baixa liquidez.

Operações de *Barter*

O advento da CPR permitiu a prática das operações de *Barter* no Brasil. O termo *Barter* vem da língua inglesa e significa "escambo" em português, ou seja, uma negociação baseada na troca de mercadorias sem que haja pagamento em dinheiro.

Entretanto, uma operação de *Barter* é realizada mediante uma triangulação: o produtor rural faz uma promessa de pagamento futuro com parte dos produtos cultivados, e assim obtém crédito de uma empresa de insumos agrícolas, que pode fornecer a esse produtor, por exemplo, sementes ou defensivos agrícolas. A terceira parte no negócio é a *Trading*, que é a empresa consumidora primária dos grãos – esta, por sua vez, chancela o preço da *commodity* agrícola com base em cotações internacionais.

O *Barter* trava o preço de compra e venda do produto agrícola em questão, trazendo mais segurança para o produtor rural, que divide o risco do negócio com as contrapartes, uma vez que, após a colheita, o preço dos grãos pode estar mais baixo ou mais alto – o que, neste caso, favorece a *Trading*.

Para o produtor rural, uma operação de *Barter* representa uma garantia para escoamento de seus cultivos, facilitando-lhe o planejamento financeiro pelo fato de saber, de antemão, o que receberá após a colheita. Isso também lhe poupa parte dos custos para armazenagem de grãos, uma vez que o destino da produção é previamente conhecido. Entretanto, existe o risco de a safra malograr, fazendo com que as garantias oferecidas pelo tomador de crédito sejam executadas.

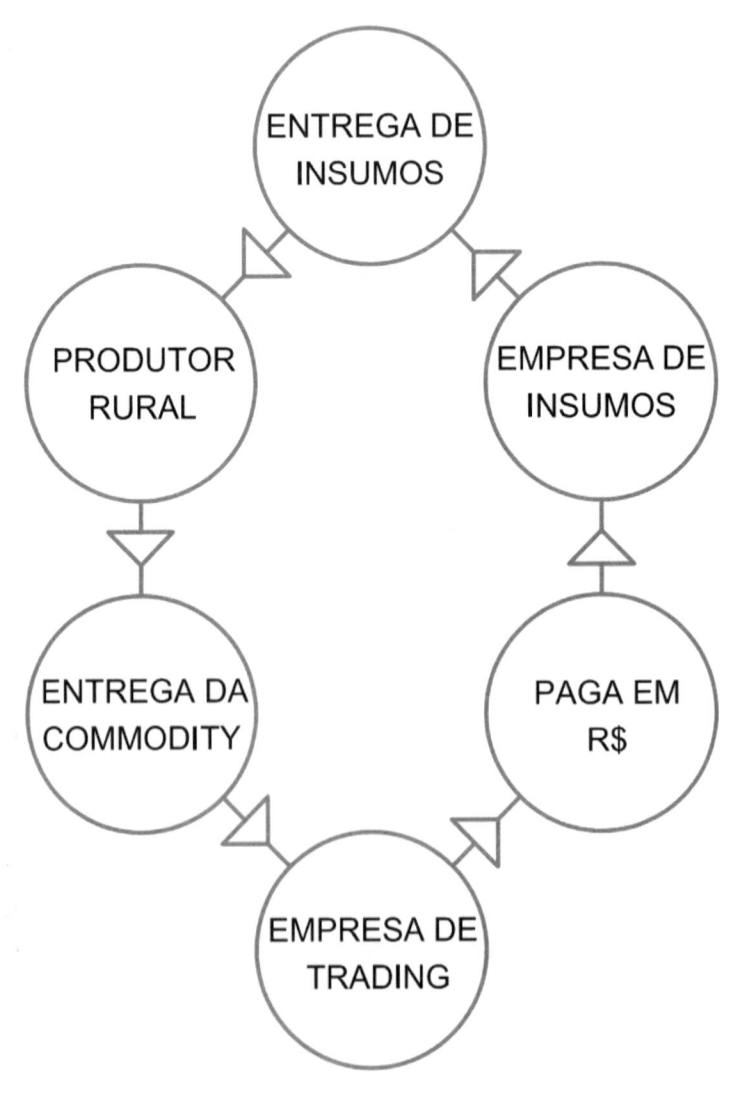

Representação da estrutura básica de uma operação de *Barter*. Elaboração: Suno Research.

Neste ponto, cabe questionar como o investidor pessoa física pode participar deste processo. Então, em síntese, além da CPR que o produtor rural emite para o fornecedor de insumos, a operação de *Barter* é complementada quando o fornecedor de insumos endossa a CPR para a *Trading*, estabelecendo um contrato de compra e venda no qual a *Trading* passa a ser a parte credora do produto rural. Ocorre que a *Trading* pode emitir um CDCA (Certificado de Direitos Creditórios do Agronegócio) lastreado na CPR em questão, que pode ser transacionado em Bolsa de Valores e de Mercadorias e Futuros, bem como em mercados de Balcão organizados.

Além do CDCA: os títulos de renda fixa do agronegócio

O CDCA foi instituído em 2004 pela Lei nº 11.076, que também originou outros títulos do agronegócio como o CDA/WA, a LCA e o CRA.

O CDA é um Certificado de Depósito Agropecuário emitido simultaneamente a um WA, ou seja, um *Warrant* Agropecuário. De acordo com a Lei nº 11.076/2004, enquanto o CDA é um *"título de crédito representativo de promessa de entrega de produtos agropecuários, seus derivados, subprodutos e resíduos de valor econômico, depositados em conformidade com a Lei nº 9.973, de 29 de maio de 2000"*; o WA é um *"título de crédito representativo de promessa de pagamento em dinheiro que confere direito de penhor sobre o CDA correspondente, assim como sobre o produto nele descrito"*.

Os emissores de um CDA/WA devem ser depositários certificados pelo Ministério da Agricultura, os chamados armazéns gerais, a pedido de um depositante. Como é disposto como um ativo financeiro custodiado em instituição validada pelo Banco Central do Brasil, o CDA/WA é passível de ser negociado em Bolsa de Valores em conjunto ou separadamente, desde que devidamente endossados.

Tanto o CDCA quanto o CDA/WA são títulos de baixa liquidez e pouco divulgados pelos agentes do mercado relacionados ao agronegócio, diferentemente das LCAs (Letras de Crédito do Agronegócio) e dos CRAs (Certificados de Recebíveis do Agronegócio), que são produtos financeiros disponíveis em corretoras de valores e bancos.

Tanto a LCA como o CRA, principalmente, são ativos que integram o foco de investimentos de vários Fiagros do segmento imobiliário. Seus conceitos serão explanados no próximo capítulo.

Da renda fixa para a renda variável: as ações agrícolas

Nenhum país emergente atinge o *status* de nação economicamente desenvolvida sem um mercado financeiro estruturado. O histórico das Bolsas de Valores no Brasil remonta a meados do século 19, tendo se reorganizado na década de 1960. Desde então, a Bolsa de São Paulo, posteriormente denominada como B3, tornou-se um dos principais destinos do capital de investidores ao redor do mundo.

Obviamente, num país onde o agronegócio responde por um quarto do PIB não poderiam faltar empresas de capital aberto que se configuram como ótima opção para quem deseja investir no segmento. Das 380 companhias que negociavam ações na Bolsa de São Paulo, via mercado tradicional, no segundo semestre de 2022, ao menos 11 atuavam diretamente no segmento de agricultura, do subsetor de agropecuária, do setor de consumo não cíclico. Se considerarmos o subsetor de alimentos processados, que compreende os segmentos de açúcar e álcool, alimentos diversos, carnes e derivados e laticínios, esse número sobe para 28 opções.

O investidor pode efetuar uma busca por empresas de capital aberto que operam em torno do agronegócio no próprio *site* da B3, pelo *link* a seguir, acessado em abril de 2023:

https://www.b3.com.br/pt_br/produtos-e-servicos/
negociacao/renda-variavel/empresas-listadas.htm

Como opção, a procura por ações do agronegócio pode ser efetuada pelo portal Status Invest, em uma busca avançada, na qual quem investe pode selecionar os setores de interesse, bem como os subsetores e os segmentos:

https://statusinvest.com.br/acoes/busca-avancada

Basicamente, existem duas formas para obter retornos com ações negociadas em Bolsas de Valores: a mais difundida é pela valorização dos ativos, o que nem sempre ocorre no curto prazo e, por vezes, nunca acontece. Já a obtenção de retornos mediante a distribuição de proventos, como dividendos e juros sobre o capital próprio, reflete uma estratégia vinculada ao longo prazo.

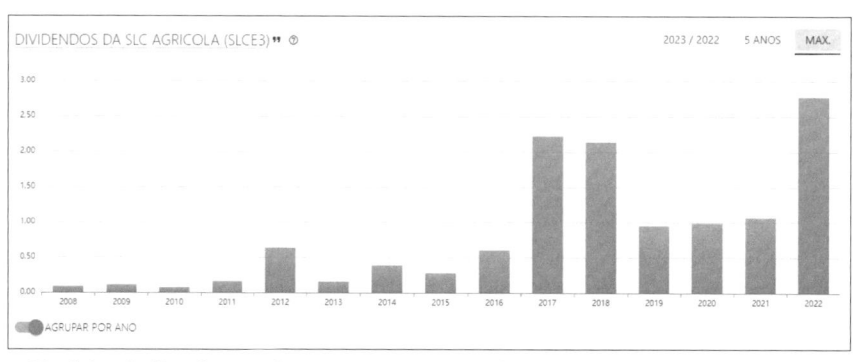

Histórico da distribuição de proventos da SLC Agrícola (SLCE3) entre 2008, quando a companhia entregou aproximadamente R$ 0,08 por ação, e 2022, quando a entrega atingiu o patamar de R$ 2,77 por ação (fonte: https://statusinvest.com.br/acoes/slce3 – *link* acessado em 19/04/2023).

Por se tratar de uma modalidade de investimento em renda variável com alta volatilidade dos preços dos ativos – que podem ser influenciados por diversos fatores intrínsecos e extrínsecos, incluindo os movimentos especulativos –, o investidor deve ter o temperamento adequado para lidar com isso, sem que suas decisões sejam guiadas por fatores emocionais, como a ganância para ganhar mais em tempos de Bolsa subindo ou o medo de perder dinheiro com a Bolsa caindo. Em suma, o investimento em renda variável deve ser orientado preponderantemente por fatores racionais e analíticos.

Para tanto, é preciso ter uma estratégia bem definida e de resultados comprovados por aqueles que já adotaram os preceitos do *Value Investing* em consonância com o *Buy and Hold*. O *Value Investing* se apoia em análises fundamentalistas e de *Valuation* das empresas, para tentar identificar as ações que estejam sendo negociadas com preços abaixo dos valores que poderiam ser considerados justos. Com isso, abre-se o critério da margem de desconto ou margem de segurança, uma vez que, no longo prazo, o mercado tende a reconhecer o valor justo das melhores companhias. Por isso, adotar o *Buy and Hold* (comprar e segurar) faz sentido enquanto os fundamentos destas empresas estiverem preservados.

Em linhas gerais, para que uma empresa ingresse no portfólio de um investidor de valor, ela deve ostentar balanços financeiros sólidos, que comprovem elevada geração de caixa combinada com o controle das dívidas de curto, médio e longo prazo. Além disso, a rentabilidade sobre seu patrimônio líquido deve ser considerada, assim como a capacidade de seus administradores, especialmente no quesito do controle de riscos. Por fim, o histórico de crescimento das receitas e dos lucros deve ser positivo e indicar tendência de manutenção das taxas de aumento nesses fatores.

Os investidores em Bolsa de Valores devem buscar uma boa diversificação de ativos pouco correlacionados entre si, combinada com baixo giro de carteira. Assim, não basta investir em empresas do agronegócio; é preciso inseri-las dentro de um contexto que engloba companhias de diversos setores. Os investidores mais arrojados consideram, ainda, as ações negociadas em países diferentes, com economias baseadas em moedas fortes.

Os fundos imobiliários também podem investir em imóveis rurais

Assim como as ações de empresas de capital aberto, as cotas dos fundos imobiliários são ativos de renda variável. Porém, as cotações dos FIIs sofrem menos variações ao longo do tempo, ou seja: possuem menor volatilidade. Além disso, os FIIs são produtos desenvolvidos com o foco na geração de renda passiva, por meio da distribuição regular de rendimentos, enquanto as empresas guardam políticas próprias e diversas neste sentido, de modo que há companhias que simplesmente não distribuem dividendos e outras fazem isso poucas vezes ao ano, por exemplo.

Existem quatro classes de fundos imobiliários:

- Fundos de desenvolvimento, que investem em ativos em construção ou implantação, que poderão gerar lucros com vendas posteriores;

- Fundos de fundos, ou FoFs, que investem em outros fundos imobiliários;

- Fundos de papéis, que operam com CRIs e LCIs principalmente;

- Fundos de tijolos, que geram renda com aluguéis de variados tipos de imóveis, como centros comerciais, lajes corporativas, galpões de logística, lojas, agências bancárias, edifícios hospitalares e educacionais, hotéis, entre outros.

Dentre os FIIs, no segundo semestre de 2022 identificamos apenas quatro opções que investiam em imóveis relacionados diretamente ao agronegócio, como armazéns de grãos (silos), terminais portuários e intermodais, além do desenvolvimento de áreas e o investimento em papéis relacionados com operações do segmento agrícola.

O mais antigo deles é o QAGR11 (Quasar Agro FII), que começou a distribuir rendimentos em novembro de 2019. Na sequência, temos o RZTR11 (FII Riza Terrax), que distribuiu rendimentos pela primeira vez em outubro de 2020. Em terceiro lugar, com rendimentos entregues desde março de 2021, vem o BTAL11 (FII BTG Pactual Agro Logística). Por fim, há o BTRA11 (FII BTG Pactual Terras Agrícolas), que passou a entregar proventos em julho de 2021.

Com a instituição dos Fiagros em março de 2021, será mais difícil vermos novos FIIs convencionais ancorados no agronegócio, uma vez que os próprios Fiagros tomarão a dianteira e as atenções neste sentido do mercado em geral.

Fiagro: uma forma acessível de investir no setor primário da economia

Os Fiagros herdam dos FIIs vários de seus atrativos e vantagens para investidores de longo prazo, focados na obtenção de renda passiva. Tanto quanto os FIIs, os Fiagros são acessíveis para pequenos investidores ou investidores novatos, pois suas cotas podem ser negociadas unitariamente, e não em lotes padrão de 100 unidades, como ocorre com as ações brasileiras, embora o mercado fracionário também exista, por vezes com ágio sobre a cotação convencional.

Existem Fiagros com cotas lançadas na Bolsa em torno de R$ 100, ao passo que alguns optam por oferecer cotas por apenas R$ 10, o que torna esse tipo de ativo acessível para qualquer pessoa física com CPF regularizado, que tenha conta num banco ou corretora que ofereça acesso a um *Home Broker*.

Deste modo, não é preciso acumular grandes quantias para investir em imóveis rurais, por exemplo. Com poucos recursos poupados mensalmente é possível realizar compras fracionadas de cotas de Fiagros, até acumular uma posição considerável neles. Além disso, como a maioria dos Fiagros distribui rendimentos mensalmente, a soma destes proventos com a economia realizada pelo investidor acelera a formação de um patrimônio crescente em número de cotas, a despeito da possibilidade de variação negativa dos preços das cotas, assim como ocorre com os FIIs e as ações.

Esta possibilidade de compras fracionadas de cotas de Fiagros também permite o estabelecimento da diversificação de investimentos, mesmo com um patrimônio reduzido – algo que seria altamente custoso para realizar com a compra de fazendas de culturas diversas em estados diversos, por exemplo.

Na ponta vendedora do negócio, o fracionamento das cotas também é útil, caso haja necessidade de vender parte dos ativos para cobrir alguma emergência ou redirecionar recursos para outros ativos. Imagine que um investidor tenha de vender um sítio de R$ 500 mil para cobrir um evento que vai lhe custar apenas R$ 100 mil, por exemplo. Sabemos que é difícil vender partes de um imóvel, mesmo que rural. Por outro lado, se estes R$ 500 mil estivessem alocados em Fiagros, seria muito mais fácil se desfazer de cotas para atingir o montante necessário, ou seja, R$ 100 mil.

Ainda neste quesito, as transações imobiliárias convencionais podem levar semanas ou meses para ser concluídas, fora o tempo que pode decorrer para surgir algum interessado no imóvel. Já as cotas de Fiagros podem ser negociadas em questão de minutos, sem a necessidade da formalização de escrituras públicas em cartórios (que cobram emolumentos) e o pagamento de elevadas comissões para imobiliárias (em torno de 6% do valor do bem), pois várias corretoras de valores e bancos não cobram mais taxas de corretagem, embora os emolumentos da B3 existam, ainda que numa escala bem reduzida.

Se é verdade que um investidor que compra cotas de um Fiagro, que por sua vez investe diretamente em imóveis rurais como fazendas e sítios, não tem direito de usufruir pessoalmente de seus recursos ou mesmo acessá-los sem autorização prévia, também é verdade que ele está livre das preocupações cotidianas em torno desses imóveis, pois isso fica a cargo da equipe contratada pelos gestores da entidade.

Então, ao comprar cotas de um Fiagro que investe em imóveis rurais, o cotista será dono indireto deles, conforme a quantidade de cotas adquiridas, tendo o direito de receber renda passiva sobre as cotas, sem a necessidade de trabalhar no empreendimento.

Quando a renda passiva dessas cotas é reinvestida na aquisição de novas cotas de Fiagros, fica estabelecido o princípio dos juros compostos na acumulação de patrimônio ao longo do tempo, algo que não ocorre em aplicações de renda fixa, dado que neste caso as condições dos juros são previamente acordadas e, na maioria das vezes, há um prazo definido para o resgate do montante final.

Por ser uma modalidade de investimentos em renda variável sujeita à ação dos juros compostos, cabe ao investidor tomar conhecimento da fórmula que rege a postura de reinvestir regularmente os proventos recebidos, somados com a própria capacidade de poupança de recursos:

$$M = C \times (1 + i)\ ^\wedge t$$

Onde:

M = montante da aplicação

C = capital inicial

i = taxa de juros

t = período de meses ou anos

No investimento em Fiagros, essa taxa de juros é desconhecida, embora existam referências do mercado financeiro. Bater os principais *benchmarks* desse mercado não é uma tarefa simples, mas acompanhá-los de perto ou mesmo superá-los de modo suave e recorrente é possível, com uma postura defensiva em relação aos riscos do agronegócio. Neste ponto, o mais importante é superar as taxas de inflação – algo que está na meta de todos os Fiagros que operam com CRAs, por exemplo.

Assim, cabe ao investidor de Fiagro se ocupar de aumentar sua capacidade de aportes mensais. Se isso for conciliado com o longo prazo, aumentando o período de tempo dos investimentos, então o fator exponencial da fórmula dos juros compostos poderá ser tonificado.

A conjunção desses fatores tem um potencial de ótimos resultados para aqueles que tiverem a disciplina e a paciência para permanecer ativos num mercado regido por altos e baixos, que no curto prazo podem provocar desconfortos diante da volatilidade dos preços, mas no longo prazo tendem a recompensar os esforços, com a formação de um patrimônio financeiro sólido e gerador de renda passiva crescente.

IV – AS CATEGORIAS DE FIAGROS

Existem três categorias de Fiagros que podem ser negociados em Bolsa de Valores, conforme determina a Resolução CVM nº 39, publicada em 13 de julho de 2021, em caráter temporário e experimental até o momento da publicação deste livro, posto que uma norma específica poderá ser elaborada a partir dos pareceres dos participantes desse novo nicho de mercado, aliado ao conhecimento acumulado pelos agentes reguladores. A seguir, reproduzimos parte deste documento:

> *"Art. 1º Fica autorizado, em caráter experimental, o registro de FIAGRO junto a esta Autarquia, nos termos e condições previstos nesta Resolução.*
>
> *Art. 2º O funcionamento do FIAGRO depende de prévio registro na CVM, cujo pedido deve ser efetuado pelo seu administrador em somente uma dentre as seguintes categorias de fundos:*
>
> *I – fundo de investimento em direitos creditórios, devendo constar de sua denominação a expressão "FIAGRO-Direitos Creditórios";*
>
> *II – fundo de investimento imobiliário, devendo constar de sua denominação a expressão "FIAGRO-Imobiliário"; ou*
>
> *III – fundo de investimento em participações, devendo constar de sua denominação a expressão "FIAGRO-Participações".*
>
> *§ 1º A política de investimentos disposta no regulamento do FIAGRO deve ser plenamente aderente às regras de composição e diversificação de carteira de ativos aplicáveis à categoria na qual o fundo for registrado, observadas,*

ainda, as regras relacionadas à composição da carteira de ativos dispostas no art. 20-A da Lei nº 8.668, de 1993.

§ 2º Não será admitido o registro de FIAGRO-Direitos Creditórios na categoria de fundo de investimento em direitos creditórios não-padronizados.

§ 3º Em acréscimo aos ativos elegíveis às carteiras dos fundos de investimento imobiliário, conforme previstos em norma específica, o FIAGRO-Imobiliário pode investir em Certificados de Recebíveis do Agronegócio – CRA e Letras de Crédito do Agronegócio – LCA.

Art. 3º Aplicam-se aos FIAGRO as normas específicas das categorias referidas nos incisos I a III do caput do art. 2°, conforme o caso, assim como as regras gerais que dispõem sobre a constituição, o funcionamento, e a divulgação de informações dos fundos de investimento, e sobre a prestação de serviços para os fundos.

Art. 4º Não será admitido o registro de FIAGRO que se proponha a atuar de forma diversa daquela prevista no art. 2º desta Resolução."

Desta forma, cabe tratar a respeito de cada categoria de Fiagro passível de regulamentação.

Fiagro-FIDC: Direitos Creditórios

Esse tipo de Fiagro tem como objetivo investir em empresas do ramo agroindustrial nos moldes dos Fundos de Investimentos em Direitos Creditórios (FIDCs), que, por sua vez, são regulados a partir da Instrução CVM nº 356, de 17 de dezembro de 2001.

O FIDC é um tipo de investimento em renda fixa que, embora tenha baixa classificação de risco, oferece no médio e longo prazo um potencial de rentabilidade que supera os índices que medem a inflação, bem como a taxa do CDI (Certificado de Depósito Interbancário).

Em linhas gerais, um FIDC converte vários tipos de dívidas – como aluguéis, cartões, cheques e duplicatas a receber por parte de empresas – em créditos recebíveis que beneficiam seus cotistas. Ou seja, o FIDC antecipa os recebimentos para as empresas, mediante uma taxa de desconto, e fica com a diferença na data de vencimento de cada dívida.

Por não contar com a proteção do FGC (Fundo Garantidor de Crédito), o aporte num FIDC deve ser visto com cautela por parte de investidores individuais. Em compensação, os FIDCs são isentos de tributos, o que favorece seu potencial de rentabilidade.

Como todo fundo de investimento, os FIDCs necessitam da figura do administrador e, neste caso, este papel cabe a uma instituição financeira bancária ou não bancária, que pode ser um banco comercial, um banco de investimentos ou uma corretora de valores, por exemplo. Também se convenciona definir o administrador de um FIDC como *Asset Management.*

As cotas dos FIDCs podem ser de dois tipos: sêniores ou subordinadas. A diferença entre ambas se dá na prioridade na amortização do resgate da aplicação. As cotas sêniores são pagas de modo preferencial e o capital pode ser resgatado na data do término da carência. Já as cotas subordinadas só podem ser resgatadas ao final do investimento e, por isso, são consideradas mais arriscadas pelo mercado, que, em contrapartida, espera por maior rentabilidade.

Os FIDCs convencionais podem ser negociados no mercado secundário, mas até o primeiro semestre de 2023 eram restritos aos investidores qualificados ou profissionais.

Investidores qualificados são aqueles detentores de patrimônio investido superior a R$ 1 milhão e que devidamente se declaram como tal, por escrito, perante os bancos e as corretoras de valores em que operam. Já o investidor profissional deve possuir R$ 10 milhões investidos ou ser reconhecido pela CVM como tal.

Entretanto, com a Resolução CVM nº 175, que substitui a Instrução CVM nº 555, houve a flexibilização que permite o acesso de todos os investidores de varejo aos FIDCs, a critério dos regulamentos específicos de cada fundo.

Permanece, porém, a restrição para comprar cotas de um FIDC convencional, sendo estabelecido o valor mínimo de R$ 25 mil para o aporte, o que afasta muitos investidores iniciantes desse tipo de aplicação.

A seguir, reproduzimos parte de um artigo de Monique Lima, publicado no portal Suno Notícias em 15 de março de 2022, sobre o primeiro Fiagro-FIDC a ser negociado em Bolsa de Valores.

"BTAG11: BTG estreia primeiro Fiagro em Direitos Creditórios (Fiagro-FIDC)

Nesta segunda-feira (14/03/2022) começaram a ser negociadas na Bolsa de Valores as cotas do primeiro Fiagro em Direitos Creditórios (Fiagro-FIDC): o BTG Pactual Crédito Agrícola Fiagro-FIDC, sob o ticker BTAG11. Até então, os produtos listados e em negociação na B3 (B3SA3) eram do tipo Fiagro-FII, com investimentos em imóveis.

Em sua oferta inicial, o Fiagro BTAG11 nasce restrito a investidores qualificados – aqueles com mais de R$ 1 milhão em investimentos –, com um total de 3 milhões de cotas subscritas e integralizadas. O BTG Pactual conseguiu arrecadar R$ 311,4 milhões com a emissão, no valor de R$ 103,65 por cota.

Atualmente, a B3 tem 12 Fiagros listados na modalidade

fundos imobiliários (Fiagro-FII). Segundo o BTG, esses Fiagros são limitados em suas possibilidades de investimentos, pois só podem alocar em CRAs, LCAs e CRIs com lastro em imóveis rurais.

'Os Fiagro-FIDC têm acesso a emissores de menor porte e operações com estruturas diferentes das geralmente disponíveis aos Fiagro-FII e demais investidores não-institucionais', diz o BTG em relatório sobre o produto.

O BTG Pactual possui R$ 8 bilhões na gestão de Fundos de Investimento em Direitos Creditórios (FIDCs), com aproximadamente 3% de Market Share, *considerando os dados de outubro de 2021 divulgados pela Anbima.*

Desde 2020, o banco intensificou o investimento na área de créditos ilíquidos, criando um setor responsável pela gestão de estruturas de crédito como os FIDC e a mais nova modalidade de Fiagro em Direitos Creditórios.

A opção por listar o Fiagro BTAG11 na Bolsa e colocar as cotas em negociação no mercado secundário foi para dar maior liquidez aos cotistas do fundo." (Fonte: https://www.suno.com.br/noticias/btag11-fiagro-do-btg-direitos-creditorios-fiagro-fidc/ – *link* acessado em 19/04/2023)

Fiagro-FII: Imobiliários

Esta é a categoria de Fiagro que tende a ser predominante no mercado, sendo derivada diretamente dos Fundos de Investimentos Imobiliários (FIIs), que já contam com grande aceitação dos investidores brasileiros, num processo de consolidação iniciado na década de 2010. Os FIIs são organismos delineados pela Instrução CVM nº 472, publicada em 31 de outubro de 2018.

Além de possuir imóveis de características rurais em sua carteira, um Fiagro-FII pode, conforme o parágrafo terceiro do artigo segundo da Resolução CVM n° 39, alocar os recursos de seus cotistas em CRAs e LCAs.

LCA – Letra de Crédito do Agronegócio

A LCA é um título de renda fixa de crédito privado considerado muito seguro no mercado de capitais, dado que o capital investido não sofre com os efeitos da volatilidade, uma vez que o seu rendimento é especificado antes da aplicação, por parte de quem investe. Além disso, as LCAs são garantidas pelo FGC.

Numa LCA, o capital do investidor é destinado para uma instituição financeira, que pode ser um banco ou cooperativa de crédito, que por sua vez empresta este recurso para seus clientes, que são empresas do setor agrícola. Esta instituição financeira receberá uma taxa pelo serviço de triangulação prestado. Em contrapartida, deverá arcar com a remuneração para os investidores, mesmo em caso de eventual inadimplência dos tomadores dos empréstimos. Logo, as LCAs de bancos maiores, por exemplo, são consideradas menos arriscadas, embora remunerem menos o capital investido.

Dentre os tipos de LCAs, temos:

- LCA pré-fixada, quando o investidor sabe com precisão o valor que receberá na data de vencimento do título;

- LCA pós-fixada, na qual os juros estão ancorados a um indexador como o CDI, por exemplo. Neste caso, não há como prever a taxa de retorno até o vencimento do título;

- LCA híbrida, que combina parte de seu rendimento numa taxa pré-fixada com uma parte dependente de taxa pós-fixada. Além do CDI, outros índices de referência para taxas pós-fixadas podem ser IGP-M (Índice Geral de Preços de Mercado) e IPCA (Índice de Preços ao Consumidor Amplo).

Quando uma pessoa física deseja aplicar pessoalmente numa LCA, está sujeita a honrar com um investimento mínimo, que pode variar de R$ 1 mil até R$ 100 mil. Ao optar pelo investimento num Fiagro-FII, este valor fica condicionado ao preço de apenas uma cota, que pode ser de R$ 100, por exemplo. Existem FIIs cuja cota gira em torno de apenas R$ 10.

Outro ponto para atentar: uma LCA tem um prazo de duração pré-determinado, que pode variar de 90 dias até 1.096 dias. Se o investidor individual precisa respeitar este prazo, para poder receber o rendimento contratado, o cotista do Fiagro-FII não precisa se prender a esta questão, dado que suas cotas podem ser vendidas via *Home Broker,* em dias úteis.

CRA – Certificado de Recebíveis do Agronegócio

Os CRAs são produtos de renda fixa que combinam rentabilidade com segurança, assim como os CRIs (Certificados de Recebíveis Imobiliários). Este tipo de título oferece um direito de crédito ao investidor, que passa a receber uma remuneração periódica pelo dinheiro aplicado, que pode ser mensal ou semestral, embora também possa ocorrer apenas na data de seu vencimento.

Somente as instituições conhecidas como securitizadoras podem fazer emissões de CRAs, visando captar recursos para financiar operações relacionadas ao agronegócio. Estas companhias securitizadoras de créditos são instituições não financeiras que atuam como sociedades compostas por ações, que normalmente operam pelo regime fiduciário, de modo que os CRAs são distintos de seus patrimônios, ou seja, não podem ter seus recursos desviados para outras finalidades.

Suponha que uma grande fazenda necessite de recursos adiantados para comprar sementes de soja, visando preparar a próxima safra. Esta fazenda pode procurar uma securitizadora, que, após analisar a viabilidade da proposta, poderá estruturar um CRA a ser oferecido ao mercado.

Assim como ocorrem com as LCAs e outros títulos de renda fixa, os CRAs possuem uma data de vencimento, mas não contam com a cobertura do FGC. Logo, o que pode elevar o risco deste produto é reflexo de seu maior potencial de rentabilidade.

Pouco procurados por investidores de pequeno porte, os CRAs podem ser negociados via oferta pública, no momento de seu lançamento, ou por meio de compras no mercado secundário, em que muitas vezes há um desconto quando há pouca liquidez. Dessa forma, um CRA é um título para ser mantido pelo investidor até o seu vencimento, para evitar eventual prejuízo com venda prematura. Assim como as LCAs, os CRAs são isentos de Imposto de Renda, ao menos até a data de publicação deste livro.

O valor de um CRA pode variar de R$ 1 mil até R$ 5 mil ou mais, sendo que alguns títulos são restritos a investidores qualificados.

Todas as operações relacionadas aos CRAs são controladas pela CETIP (Central de Custódia e Liquidação Financeira de Títulos Privados), instituição vinculada à B3 (Bolsa de São Paulo) e integrante do Sistema Brasileiro de Pagamentos. A CETIP fornece a infraestrutura e a tecnologia, sem as quais não haveria uma câmara de ativos privados no Brasil, uma vez que esta empresa atua como depositária dos títulos de renda fixa privada no país.

No mercado de capitais existem os CRAs estruturados em série única, sem distinção de cotas, e os CRAs com cotas segmentadas, que podem ser do tipo sênior, mezanino ou subordinada. É importante atentar para esta classificação, refletida na rentabilidade dos CRAs, na medida inversamente proporcional aos riscos envolvidos, especialmente em caso de inadimplência parcial.

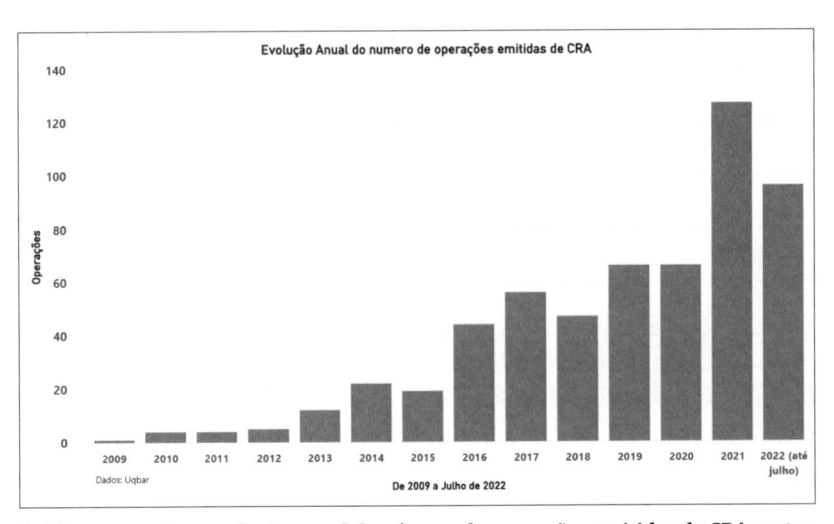

Gráfico apresenta a evolução anual do número de operações emitidas de CRAs entre 2009 e julho de 2022. Em 2021, pela primeira vez a barreira das 120 operações foi suplantada (fonte: https://www.uqbar.com.br/artigo/emissoes-de-cr-as-ja-superam-os-r-20-bilhoes-em-2022-sera-um-novo-recorde/5910 – *link* acessado em 19/04/2023).

Por exemplo, suponha que houve uma grande geada na região onde está a fazenda que plantou soja, prejudicando o desempenho da colheita e reduzindo a capacidade de pagamento das parcelas do CRA atrelado à compra das sementes. Neste caso, o direito de recebimento dos juros é preservado em primeiro lugar para a cota sênior, depois para a cota mezanino e depois para a cota subordinada. Ou seja, se esta última oferece um prêmio maior, também será a primeira afetada, caso o tomador do CRA tenha dificuldades de pagar os compromissos à securitizadora, de forma integral.

A rentabilidade dos CRAs pode ser pré-fixada, pós-fixada ou mista, de modo semelhante ao que ocorre com as LCAs. Existem CRAs com rendimentos que pagam um prêmio sobre algum índice de referência, como o IPCA, o IGP-M, a taxa DI ou mesmo a taxa Selic.

Embora não contem com a proteção do FGC, os CRAs possuem

garantias relacionadas aos bens da securitizadora. Por isso, ao analisar uma operação de CRA, é importante levar em conta o patrimônio da empresa que faz a intermediação entre os investidores e tomadores de créditos.

Vale ressaltar que um Fiagro-FII também pode alocar recursos em CRIs, desde que tenha lastro em imóveis rurais.

Os principais tipos de imóveis rurais

Um Fiagro-FII também pode ter em sua carteira um ou mais imóveis rurais e, com eles, gerar renda passiva para seus cotistas. Conforme o Estatuto da Terra, regulamentado pela Lei nº 4.504, de 30 de novembro de 1964, é considerado imóvel rural

> *"o prédio rústico, de área contínua qualquer que seja a sua localização que se destina à exploração extrativa agrícola, pecuária ou agro-industrial, quer através de planos públicos de valorização, quer através de iniciativa privada".*

Assim, existem várias denominações associadas às pequenas e médias propriedades rurais, que isoladamente não se constituem em áreas de interesse para os fundos de investimentos, como chácaras, sítios, ranchos, estâncias e granjas. Eventualmente, os proprietários de tais imóveis podem integrar cooperativas e, por meio delas, otimizar suas produções e o acesso ao financiamento de suas atividades.

Os engenhos, que transformam a cana em açúcar, cachaça, melaço e etanol, também podem ser considerados propriedades rurais, embora tenham evoluído para usinas mecanizadas, mais relacionadas ao setor industrial.

No entanto, são imóveis de interesse para os Fiagros as grandes fazendas, consideradas como latifúndios que podem produzir alimentos a partir do plantio em extensas áreas de terras, ou pela manutenção de pastagens destinadas à atividade pecuária, assim como o manejo de reflorestamentos voltados para a indústria de papel e papelão, entre outras atividades intensivas do agronegócio.

Além das fazendas, os grandes silos de armazenagem de grãos, bem como os galpões de logística de produtos relacionados com a cadeia do agronegócio, como os implementos agrícolas, são de possível interesse para gestores de Fiagros categorizados como FIIs. Neste caso, vale a pena analisar a localização destes imóveis, assim como sua proximidade com os centros produtores e com a infraestrutura de escoamento da produção, como rodovias, hidrovias, ferrovias e portos. As ferrovias e portos, a propósito, também podem integrar parcialmente a carteira de Fiagros, em caso de privatizações.

A seguir, reproduzimos parte de um artigo de Eduardo Vargas, publicado no portal Suno Notícias em 8 de agosto de 2022, sobre o primeiro Fiagro-FII híbrido de papéis e imóveis físicos a ser negociado em Bolsa de Valores.

"SNAG11: Fiagro da Suno Asset estreia na B3

O SNAG11, fundo de investimento do Agronegócio (Fiagro) da Suno Asset, chega à Bolsa de Valores Brasileira, a B3 (B3SA3) nesta segunda-feira (08/08/2022). As cotas do fundo são negociadas na casa dos R$ 100, fechando estáveis, e já estão disponíveis na prateleira de praticamente todas as corretoras.

A Suno Asset quer oferecer rentabilidade de CDI +3% e IPCA +8% para o Fiagro SNAG11, que investe de forma híbrida com uma alocação dos seus R$ 150 milhões em Certificados de Recebíveis do Agronegócio (CRAs) e imóveis do Agro. O fundo investe em recebíveis da empresa Boa Safra.

A diversificação deve ser feita ao longo do tempo e após os aportes dos futuros cotistas, com R$ 125 milhões em crédito e R$ 25 milhões destinados à compra de dois terrenos que contemplam obras da Boa Safra, localizados em Sorriso e Primavera do Leste, ambos no Mato Grosso.

O fundo se diferencia por ser o único Fiagro híbrido do mercado, tendo 16% da sua alocação em imóveis, com uma tese de valorização real, e o restante aplicado em uma carteira extremamente diversificada de CRAs.

Segundo a gestão, o SNAG11 deve seguir o mesmo padrão de custos que a Suno Asset traz nos demais fundos, 'com taxas totalmente alinhadas aos interesses dos cotistas'.

A Suno Asset estima que o custo total será de 0,92% ao ano (sendo a gestão 0,8% do total) e não haverá cobrança de taxa de performance.

Dividendos do SNAG11

Diferente dos Fundos Imobiliários (FIIs), os Fiagros não têm obrigação legal de distribuir mensalmente seus rendimentos. Ainda assim, a Suno Asset estima que já a partir de setembro de 2022 os cotistas do SNAG11 receberão dividendos todos os meses.

Vale lembrar que os dividendos do Fiagro são isentos de Imposto de Renda (IR).

A projeção é de um Dividend Yield *anualizado na casa de 14% ainda em 2022, conforme estudo de viabilidade presente no Prospecto do fundo."* (Fonte: https://www.suno.com.br/noticias/snag11-fiagro-suno-estreia-b3-cota/ – *link* acessado em 19/04/2023)

Fiagro-FIP: Participações

Um Fiagro-FIP é concebido para atuar nos parâmetros dos Fundos de Investimentos em Participações (FIPs), cuja regulamentação tem por base a Instrução CVM nº 578, publicada em 30 de agosto de 2016, que em seu artigo quinto afirma o seguinte:

> *"Art. 5º O FIP, constituído sob a forma de condomínio fechado, é uma comunhão de recursos destinada à aquisição de ações, bônus de subscrição, debêntures simples, outros títulos e valores mobiliários conversíveis ou permutáveis em ações de emissão de companhias, abertas ou fechadas, bem como títulos e valores mobiliários representativos de participação em sociedades limitadas, que deve participar do processo decisório da sociedade investida, com efetiva influência na definição de sua política estratégica e na sua gestão."*

Portanto, um FIP investe pelo menos 90% de seu capital em participações ativas em empresas, que podem ser sociedades limitadas, ter capital aberto ou fechado. Por isso, os FIPs também são conhecidos como fundos de *Private Equity* ou fundos de capital privado, com vocação para investir em negócios ainda em fase de desenvolvimento – o que é considerado uma atividade de risco elevado, embora com maior potencial de rentabilidade.

Para mitigar tais riscos, os gestores dos FIPs determinam uma participação mais ativa na administração das empresas investidas, controlando parcialmente suas operações. Além disso, suas cotas são negociáveis somente para investidores qualificados.

Existem quatro tipos de FIPs:

- FIP Capital Semente: opera com participações em empresas com receita bruta anual de até R$ 16 milhões.

- FIP de Empresas Emergentes: investe em companhias com faturamento anual máximo de R$ 300 milhões.

- <u>FIP-IE (Infraestrutura)</u>: o capital é alocado em projetos no segmento de energia e água, assim como de saneamento básico e de transportes.

- <u>FIP Multiestratégia</u>: faz aportes em empresas que não se encaixam nas categorias anteriores, podendo inclusive investir em ativos estrangeiros.

Os FIPs devem contar com auditorias independentes para validar suas demonstrações contábeis, o que eleva os custos administrativos e de contabilidade. Além disso, as captações de recursos promovidas pelos FIPs devem ser feitas com o acompanhamento de uma assessoria especializada, que fiscaliza os cumprimentos das normas da CVM.

Até o momento da publicação deste livro, nenhum Fiagro-FIP havia sido lançado na Bolsa de Valores de São Paulo.

V – OS RISCOS DO AGRONEGÓCIO

Quando vamos ao médico, nos queixando de algum problema de saúde, ele nos examina, identifica os sintomas e nos receita um tratamento que eventualmente envolve o uso de algum medicamento. Muitas pessoas simplesmente confiam nas recomendações profissionais e tomam as doses prescritas, sem maiores preocupações. Outros, porém, resolvem ler as bulas e tomam ciência dos potenciais efeitos colaterais. Neste caso, há quem prefira consultar uma clínica alternativa, que talvez proponha outro tipo de tratamento, cujos efeitos colaterais possam ser tolerados.

Algo semelhante ocorre com os investimentos, quando consultamos analistas financeiros. Muitos seguem as recomendações a partir da síntese de relatórios. Outros decidem ir mais a fundo na leitura dos prospectos fornecidos pelos próprios agentes do ativo em voga, que, para atender as normas das entidades que regulam o mercado, devem especificar os alertas sobre os possíveis riscos relacionados com as operações.

No ramo dos Fiagros não é diferente. Apesar de comporem uma classe promissora de investimentos, os Fiagros também carregam riscos inerentes às atividades que financiam. Cabe aos investidores estarem cientes de tais riscos, antes de tomar suas decisões relativas às estratégias que devem ser adotadas para evitar, mitigar ou tolerar os riscos, que podem ser traduzidos como incertezas.

Para início de conversa, o agronegócio é uma indústria que opera majoritariamente sem telhado: as grandes plantações e pastagens ficam a céu aberto, expostas aos eventos atmosféricos e biológicos, que não respeitam planilhas técnicas e cronogramas financeiros, dado que não ocorrem com regularidade, embora o estudo dos ciclos climáticos e das probabilidades baseadas em dados históricos possa atenuar essa questão.

Disso deriva a noção de que o produtor rural é um exímio tomador de riscos, que combina doses generosas de fé, otimismo e resiliência. Se em determinado ano a seca prejudicou a safra, no ano seguinte ele tenta de novo, mesmo que as chuvas torrenciais atrapalhem o plantio das culturas. E se no ano seguinte as pragas lhe tirarem parte da produção, no outro ano ele estará propenso a tomar crédito para seguir com sua atividade, até que uma sequência de safras bem-sucedidas recompense seus esforços.

Ocorre que, com o desenvolvimento do agronegócio e com a profissionalização do gerenciamento das propriedades, as decisões relativas ao uso delas não devem mais ser baseadas em instintos familiares, mas em análises frias e racionais típicas do ambiente empresarial. Ou seja, se as companhias do agronegócio não adotarem práticas de gestão de riscos, elas serão menos competitivas para captar financiamento junto aos programas governamentais e às instituições do mercado de capitais, que incluem os Fiagros.

Sem gestão de riscos não há gestão de produção agrícola

O casamento da gestão de riscos com a gestão da produção agrícola auxilia os empreendedores em decisões cruciais para os negócios, como a escolha do que será produzido, como será produzido e para quem será produzido. De modo complementar, os produtores rurais devem optar pelas melhores tecnologias a serem empregadas nos cultivos e pelas formas de financiamento mais eficazes, além de definir quais estratégias de comercialização serão adotadas: se voltadas para o mercado interno ou externo, de modo a evitar que uma safra bem colhida resulte em prejuízos, em função de variações dos preços das *commodities*, por exemplo.

Não existe apenas uma fórmula para promover a gestão de riscos no agronegócio. São várias as técnicas e ferramentas tecnológicas que podem ser empregadas. Porém, em linhas gerais, podemos identificar algumas etapas chave neste processo, que passam pela identificação dos riscos, a devida classificação deles, a avaliação das probabilidades de ocorrências e do tamanho das eventuais perdas e, finalmente, o tratamento ou mitigação dos riscos, além do constante monitoramento das soluções adotadas.

Identificando os riscos

A identificação de riscos climáticos (secas, chuvas excessivas, geadas, entre outros) no agronegócio depende da correta coleta de dados históricos de cada atividade, em cada propriedade. Quanto mais informações são coletadas nessa fase, melhor. Logo, o advento da Agricultura Digital é um processo irreversível, que deságua na ciência de dados que podem ser processados por ferramentas de Inteligência Artificial. Assim, quanto maiores forem os períodos com registros de eventos passados, mais precisas serão as previsões a respeito da repetição destes eventos no futuro.

Além disso, cabe aos analistas elencar os demais tipos de riscos envolvidos em cada atividade agrícola, entre os quais podemos destacar os riscos de produção, em função da eventual inexistência ou inadequação de projetos e planejamento das propriedades, incluindo a qualidade da assistência técnica e da capacitação da mão de obra. Funcionários bem treinados tendem a cuidar melhor dos maquinários e são mais eficazes na prevenção de acidentes de trabalho.

Existem também os riscos sanitários e biológicos, advindos do manejo inadequado de defensivos agrícolas como fungicidas, inseticidas, acaricidas, herbicidas, nematicidas e bactericidas. Os danos neste sentido podem ser tanto ocupacionais, relacionados aos trabalhadores que os manipulam, quanto ambientais, quando ocorre a contaminação do solo e dos lençóis freáticos, por exemplo – sem contar os riscos para a saúde dos consumidores.

Já os riscos da gestão de recursos naturais estão relacionados, entre outros fatores, ao desgaste dos solos férteis e das pastagens, que pode ocorrer em função da falta de rodízio de culturas em determinadas plantações ou da falta de reposição de nutrientes e da aplicação incorreta de fertilizantes. Há, ainda, a falta de preservação de recursos hídricos, especialmente das nascentes e dos olhos d'água, ou a retirada de matas ciliares, que provocam o assoreamento de córregos e açudes, entre outros.

A propósito, o desmatamento ilegal e as queimadas – sejam espontâneas ou provocadas – também se inserem na categoria dos riscos relacionados à gestão dos recursos naturais.

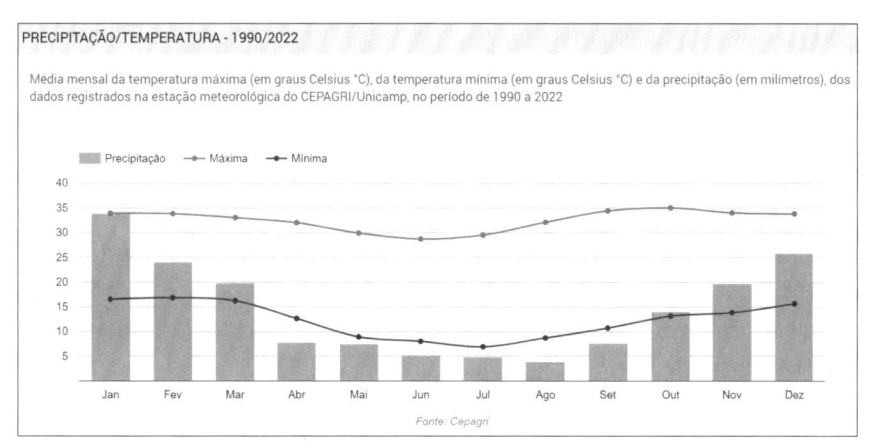

Gráfico gerado pelo Centro de Pesquisas Meteorológicas e Climáticas Aplicadas à Agricultura da Universidade Estadual de Campinas/SP (fonte: https://www.cpa.unicamp. br/graficos – *link* acessado em 19/04/2023).

Até aqui, abordamos os riscos dentro das porteiras. Fora delas, os riscos também existem, principalmente no âmbito das linhas de crédito e da comercialização, dado que o agronegócio brasileiro ainda é muito dependente de financiamento público, cujos programas podem ser interrompidos conforme decisões políticas tomadas em mandatos eletivos distintos. Já o Poder Legislativo pode interferir em mudanças nas regras de comércio, de modo que isto também se configura num risco institucional, que influencia ainda no regramento da produção agrícola e nos direitos relacionados às propriedades privadas.

Por sua vez, os riscos relacionados ao mercado respondem pelas inconstâncias na relação entre oferta e demanda das *commodities*, resultando em variações de seus preços com alcance global, fora as taxas básicas de juros praticadas em cada país, as flutuações cambiais e o crescimento do PIB nos países consumidores. Por outro lado, o Brasil é um país dependente da importação de insumos, como os fertilizantes, sendo que no começo da década de 2020 mais de 70% do consumo nacional desses insumos dependia de fontes externas.

Por fim, o agronegócio brasileiro tem no gargalo da infraestrutura uma importante fonte de riscos. No âmbito do escoamento da produção, a dependência do transporte rodoviário está relacionada com o consumo de combustíveis fósseis, o que vem sendo combatido na agenda internacional das mudanças climáticas, que impulsiona as práticas relacionadas ao ESG, cujos princípios são cada vez mais levados em conta por grandes fundos de investimentos de alcance global.

Além disso, o transporte alternativo – ferroviário ou fluvial – ainda carece de investimentos massivos para cobrir todas as regiões do país. Para completar, o transporte marítimo é dependente da oferta de *containers*, nem sempre disponíveis para os exportadores brasileiros, fator que encarece os fretes e limita a competitividade dos produtores rurais.

Classificando e avaliando os riscos

Após a identificação dos riscos relativos ao agronegócio, é importante classificá-los. Isso é feito em duas frentes de análises, considerando as probabilidades de ocorrências dos riscos e seus impactos nos negócios.

A mensuração das probabilidades considera quão fácil ou difícil pode ser a ocorrência futura de determinado risco. Uma classificação de níveis, comumente aceita entre os analistas, pode ser expressa em porcentagem da seguinte forma, tolerando variações conforme o estudo a ser conduzido: muito baixo (1% a 15%), baixo (16% a 35%), moderado (36% a 55%), alto (56% a 75%) e muito alto (76% a 95%).

O passo seguinte é considerar o impacto que cada tipo de risco identificado pode causar na atividade em questão, levando em conta o potencial de prejuízos financeiros e a reversibilidade dos danos ocasionados pelos riscos, em caso de confirmação dos eventos correlatos. Um impacto pode ser negativo, como comumente pensamos, ou positivo, quando sua resolução ou prevenção conduz a alguma melhoria em processos, por exemplo.

Os impactos também podem ser inseridos em níveis de avaliação como: muito baixo, baixo, moderado, alto e muito alto. Deste modo, quando se realiza o cruzamento de dados sobre as probabilidades e os impactos dos riscos, tem-se com mais clareza a indicação de quais devem ser considerados em planos de ação.

Por exemplo, um risco de probabilidade muito baixa e impacto muito baixo não precisaria de investimentos para ser mitigado, ao passo que um risco de probabilidade média com impacto muito alto deve ser encarado de forma distinta, uma vez que sua ocorrência pode causar prejuízos irreversíveis aos negócios. Vale lembrar que o pior tipo de risco é o risco da ruína.

Planos de ação para monitorar, mitigar e tratar os riscos

Neste ponto, quando se considera que a soma da probabilidade com o impacto de um risco em potencial indica a necessidade de um plano de ação, os gestores devem observar duas questões elementares. A primeira remete aos tipos de medidas cabíveis para coibir, mitigar ou tratar a possibilidade de o risco ocorrer. A segunda deriva da primeira, pois envolve os custos financeiros para implementar essas medidas.

Dentre as medidas para o enfrentamento dos riscos no agronegócio, destacam-se as ferramentas tecnológicas para captação e análise de dados, com a utilização de *Big Data* e Inteligência Artificial.

Estas ferramentas podem dar suporte complementar ao Programa Nacional de Zoneamento Agrícola de Risco Climático (ZARC), uma iniciativa posta em prática primeira vez em 1996, então focada na cultura do trigo, e mais bem especificada no Decreto nº 9.841/2019, com validação de metodologia por parte da Embrapa, com vistas a coletar e analisar dados relacionados ao clima, solo e ciclos das culturas agrícolas.

A divulgação dos estudos relacionados ao ZARC, que já cobre todos os estados brasileiros, fica a cargo do Ministério da Agricultura e Pecuária, que condiciona a observação das suas recomendações aos produtores rurais que desejam aderir ao Proagro, um programa de garantia da atividade agrícola do Governo Federal, bem como ao Programa de Subvenção ao Prêmio do Seguro Rural Privado e ao Programa de Seguro da Agricultura Familiar.

O lado humano, porém, não pode ser negligenciado: instituir políticas de segurança e eficiência no trabalho, com treinamento e capacitação da mão de obra, com vistas a melhorar inclusive as questões logísticas das operações, deve ser uma constante. Há vários tipos de certificações disponíveis no mercado, que atendem ao aprimoramento contínuo das regulamentações em torno das cadeias do agronegócio.

Os riscos na ótica dos gestores dos Fiagros

Até aqui, vimos como os produtores rurais podem lidar com os riscos no agronegócio. Como são tomadores de crédito no mercado financeiro e fazem isso também para mitigar os riscos de suas atividades, cabe aos fornecedores de crédito analisar os riscos inerentes a estas operações, especialmente as relacionadas aos CRAs, instrumentos recorrentes nas estruturas de vários Fiagros.

Essencialmente, os gestores dos Fiagros, antes de incluir CRAs ou mesmo imóveis rurais em suas carteiras de investimentos, devem analisar se os agentes das cadeias do agronegócio, relacionados com as operações em questão, adotam as práticas de gestão de riscos em suas atividades.

Além disso, na condição de concessores de crédito, os gestores dos Fiagros devem atentar para os cinco "Cs" do crédito: a capacidade, o capital, o caráter, o colateral e as condições dos tomadores de crédito.

Uma empresa precisa ter capacidade de honrar seus empréstimos. Se ela já está muito alavancada, comprometendo boa parte de sua receita com o pagamento de juros, por exemplo, o risco de inadimplência aumenta. Então, cabe ao analista de crédito verificar também a estrutura de capital dessa empresa, identificando nas demonstrações financeiras como se dão o faturamento e as despesas do negócio, que deve ter um fluxo de caixa saudável.

O caráter da empresa, bem como o caráter do empresário e dos principais executivos, também deve ser considerado, analisando o histórico de financiamentos anteriores, além da pontualidade do pagamento aos fornecedores do negócio. Aliado a isso, cabe considerar o colateral do tomador do crédito, que vai suprir garantias na forma de bens ou mediante a apresentação de avalistas de peso nas operações.

Por fim, o analista de crédito deve observar as condições gerais da empresa, analisando seus fundamentos, sua inserção no contexto macroeconômico, seu potencial de crescimento e como ela poderá honrar as especificações contratuais relacionadas ao eventual financiamento de suas operações.

Portanto, todo concessor de crédito deve ser ainda um analista de Balanço Patrimonial (BP) das empresas que pleiteiam financiamentos, além das Demonstrações de Resultado do Exercício (DRE) que cobrem um período mínimo de 12 meses, de modo a refletir o grau de sazonalidade das receitas e despesas desses empreendimentos relacionados ao agronegócio.

Dentre as políticas de concessão de crédito que os analistas também podem adotar, destacam-se o *Behavior Score* e o *Credit Score*, ambos apoiados em modelos matemáticos.

No *Behavior Score,* o estudo do comportamento dos solicitantes de crédito considera o histórico de empréstimos tomados anteriormente, para indicar os limites e garantias que devem ser considerados na análise em questão.

Já o *Credit Score* vai além das informações obtidas junto aos *bureaus* de Crédito, como Boa Vista, Serasa e SPC, pois demanda a composição de um formulário de condensação dos dados, que computará o resultado das notas ou pontuações para os diversos itens verificados, resultando em faixas sugeridas para os limites de crédito.

Quando o Fiagro incorpora um imóvel rural em seu portfólio e faz um arrendamento para um produtor rural, por exemplo, uma análise de risco semelhante deve ser feita.

Os riscos na ótica dos investidores de Fiagros

Na ponta final da questão dos riscos está o investidor dos Fiagros. O investidor, enquanto pessoa física, não tem capacidade de interferir diretamente na gestão de riscos dos negócios relacionados às cadeias do agronegócio. Cabe a ele, porém, tomar ciência dos riscos e monitorá-los junto aos gestores dos Fiagros, mediante a leitura regular dos relatórios gerenciais.

Deste modo, o cotista do Fiagro pode acompanhar o posicionamento do gestor a respeito dos riscos climáticos, que podem ocasionar dificuldades para os produtores rurais honrarem seus compromissos, o que nos leva novamente ao risco de crédito das operações.

Cabe aos gestores também esclarecer os cotistas sobre os riscos do mercado, que englobam a flutuação dos preços das *commodities*, passam por eventuais reformas tributárias e outras mudanças nas políticas nacionais ou estrangeiras, e englobam as questões macroeconômicas, como a cotação do dólar, as taxas básicas de juros e os índices inflacionários.

Além disso, é preciso ter ciência dos riscos relacionados aos investimentos em Fiagros por si só, dentre os quais podemos destacar o risco de liquidez, caso o fundo em questão seja pouco negociado em Bolsa de Valores, dificultando a conversão de sua posição em dinheiro livre, em uma eventual necessidade.

Existe ainda o risco relacionado à governança do Fiagro, caso seu gestor não siga as políticas de investimentos previstas no próprio regulamento da instituição, ou dirija as operações com falta de transparência, por exemplo. Aliado ao risco da governança, está o risco da concentração, caso o Fiagro falhe na diversificação dos ativos de sua carteira, expondo-se excessivamente a determinado tipo de risco.

A propósito, a diversificação é a melhor proteção para quem investe em Fiagros. Não basta comprar cotas de vários Fiagros se todos investirem em CRAs de apenas uma cultura, por exemplo. Para compor seu portfólio de Fiagros, o investidor deve considerar ativos condizentes com culturas diversas, praticadas em estados diversos, ancoradas em safras que ocorram em épocas distintas.

Assim, além de amenizar a sazonalidade na renda passiva de sua carteira, o investidor se protege contra a ocorrência de eventos climáticos, que raramente atingem o Brasil como um todo, posto que suas dimensões são continentais. Por exemplo, a chance de ocorrência de secas concomitantes nas Regiões Norte e Sul do país é diminuta.

Ao investir em Fiagros que suportam culturas diferentes, o cotista reduz os riscos de mercado, pois, se um grande país consumidor resolve bloquear a compra de carne bovina do Brasil em determinado ano, por exemplo, o escoamento da produção de soja pode seguir plenamente, e assim por diante.

VI – PRINCIPAIS INDICADORES FUNDAMENTALISTAS DOS FIAGROS

É impossível compreender a dinâmica de um Fiagro sem conhecer os dados quantitativos e qualitativos que o sustentam. Assim como ocorre com as empresas de capital aberto e com os fundos imobiliários listados em Bolsa, vários números a respeito dos Fiagros são disponibilizados ao público, via relatórios gerenciais e demonstrações contábeis, por exemplo, além das plataformas da Internet que aglutinam informações essenciais para o trabalho de quem analisa ativos financeiros.

Vários são os caminhos para obter os principais indicadores fundamentalistas dos Fiagros, a começar pelo *site* da B3, que disponibiliza *links* para todos os fundos listados:

> https://www.b3.com.br/pt_br/produtos-e-servicos/
> negociacao/renda-variavel/fundos-de-investimentos/
> fiagro/fiagros-fii/

Ao visitar o endereço anterior, verificado em abril de 2023 (cuja URL pode mudar com o tempo, mas pode ser encontrada ao digitar "Fiagro + B3" nos buscadores), encontraremos acesso para todos os Fiagros em negociação. Ao clicar sobre o ícone de cada um, ingressaremos na página dedicada a ele, que apresenta dados gerais sobre o fundo, como Nome do Pregão, CNPJ, *Site* da gestora, Classificação Setorial e Quantidade de Cotas Emitidas. Além disso, são disponibilizadas as formas de contato com o fundo, incluindo o endereço e telefone de sua sede, *e-mail* do diretor responsável e dados do escriturador.

A B3 também apresenta o histórico de cotações do Fiagro, bem como estatísticas mensais e anuais sobre sua performance, além do plantão de notícias, que elenca a publicação de informes mensais ou trimestrais, regulamentos, atas de assembleias, entre outros documentos. Todo o histórico destes informes fica arquivado a cada ano e as informações relevantes ficam destacadas em uma seção exclusiva da página sobre o fundo – o mesmo ocorrendo a respeito de seus eventos corporativos.

Se você não quiser ter o trabalho de coletar e compor os indicadores fundamentalistas dos Fiagros por meio de seus relatórios regulares, é possível encontrar estes dados "mastigados" em portais dedicados, dos quais destacamos os seguintes:

- **https://statusinvest.com.br/fiagros**

O Status Invest é a maior plataforma de aglutinação de dados sobre ativos financeiros do Brasil, cobrindo ações brasileiras e norte-americanas, BDRs, fundos imobiliários e outros. Na página dedicada aos Fiagros, o destaque é para as cotações em tempo real, apresentando as maiores altas e baixas de cada momento. Também está em voga a divulgação dos rendimentos mais recentes, além de um sumário dos Fiagros, semelhante ao que ocorre com a página da B3.

Ao clicar sobre o *ticker* de cada Fiagro, somos direcionados para uma página específica que apresenta os principais indicadores fundamentalistas, bem como gráficos de cotação e entrega de proventos. Por fim, há uma listagem de todos os documentos publicados, devidamente arquivados.

- **https://fiis.com.br/lupa-de-fiis/**

Embora o *site* FIIs.com.br não tenha uma página para indexar os Fiagros (até o momento da publicação deste livro), a sua Lupa de FIIs é uma ótima ferramenta para analisar dados fundamentalistas dos Fiagros em conjunto. Ao acessar este recurso, basta ir em "Tipo de FII" e desmarcar os tipos de fundos que não sejam Fiagros.

O resultado será uma tabela repleta de dados relevantes, como Público Alvo (se Investidor Qualificado ou Geral), Administrador, Último Rendimento em reais ou em porcentagens, Data de Pagamento, Data Base, Rendimentos Médios nos últimos 12 meses em reais ou em porcentagens, Patrimônio/Cota, Cotação/VP, Número de negócios por mês, Número de Cotistas, Patrimônio total do fundo e Cota base.

Os dados podem ser ranqueados por coluna e em cada *ticker* há um *link* para uma página específica de cada Fiagro em questão, semelhante ao que ocorre com o Status Invest.

- **https://www.fundsexplorer.com.br/**

Este portal agregador de dados foi criado originalmente para cobrir os FIIs, mas incorporou os Fiagros em sua plataforma de fácil navegação. Ao digitar o *ticker* de um Fiagro, o visitante é direcionado para uma página específica sobre o fundo escolhido, que, além de entregar a cotação diária do ativo, apresenta uma série de indicadores, como a Liquidez Diária em número de negociações, o Último Rendimento, o *Dividend Yield* mensal mais recente e a relação P/VP.

Os gráficos das cotações cobrem períodos que vão de um mês até o histórico total do fundo. O gráfico sobre a entrega de rendimentos é útil para verificar a regularidade do fundo, pois distribuições atípicas devem ser verificadas. Por fim, o gráfico com a evolução do VP (Valor Patrimonial) também é uma ferramenta interessante, que pode auxiliar na análise do fundo em destaque.

- **https://fiagro.com.br/**

O Fiagro.com.br é o primeiro portal na Internet dedicado exclusivamente aos Fiagros. Por ter sido desenhado com este fim, este *site* se apresenta de forma bem amigável, disponibilizando vídeos sobre este tipo de ativo, bem como os destaques do mercado. O usuário pode pesquisar os Fiagros num campo de busca, digitando o *ticker* ou nome de cada Fiagro. Porém, logo na página inicial há também uma lista com os Fiagros, com *boxes* que especificam os *tickers* e nomes dos Fiagros, suas cotações atualizadas e o DY (*Dividend Yield*) em relação ao rendimento mais recente.

Ao clicar em cada *boxe*, somos conduzidos a uma página específica sobre o Fiagro escolhido, que reúne seus principais indicadores fundamentalistas e o gráfico com a evolução da cotação, que pode ser referente aos últimos 30 dias, 6 meses, 12 meses, do começo do ano até o dia da consulta, bem como o período máximo. Além disso, são disponibilizadas informações como CNPJ, taxa de administração e taxa de performance, além do histórico de distribuição de rendimentos e o arquivo com as publicações regulares.

Posto isso, cabe ao investidor em potencial dos Fiagros assimilar os principais conceitos que cercam os indicadores fundamentalistas mais importantes para iniciar a análise deste tipo de ativo financeiro.

Dividend Yield (DY)

O grande atrativo dos Fiagros é o fornecimento de renda passiva regular, dado que a valorização das cotas acaba sendo um efeito colateral dos fundos que apresentam um bom desempenho neste quesito, como reflexo de gestões eficientes.

Logo, o *Dividend Yield* (DY) é, provavelmente, o primeiro aspecto de um Fiagro a ser verificado pelos investidores em potencial, embora a expressão em inglês não espelhe o termo correto em relação aos proventos dessa classe de ativos, uma vez que empresas distribuem dividendos, mas FIIs e Fiagros distribuem rendimentos.

Entretanto, como o termo corrente é amplamente difundido, é preciso entender o que ele representa: a relação, expressa em porcentagem, entre o rendimento distribuído por cota e o preço da cota, calculada de acordo com a seguinte fórmula:

DY = (rendimento por cota / preço de mercado por cota) X 100

É preciso atentar para o modo como o DY pode ser apresentado: se relacionando o preço da cota ao último rendimento ou relacionando o preço da cota aos rendimentos somados nos últimos 12 meses; ou ainda relacionando a média dos rendimentos mensais nos últimos 12 meses.

Por exemplo: o Fiagro WXYZ11 está sendo negociado a R$ 100. Seu último rendimento foi de R$ 0,90. Neste caso, o seu DY mensal será de 0,9%. Porém, nos últimos doze meses ele distribuiu ao todo R$ 13. Então o DY anual será de 13%, sendo que o DY médio mensal dos últimos 12 meses será de aproximadamente 1,08%, que é a divisão de R$ 13 por 12 meses aplicada na fórmula.

Cabe ressaltar que o *Dividend Yield* é diferente do *Yield On Cost* (YOC), dado que este é relacionado ao preço médio de aquisição da cota por parte de cada investidor, que por sua vez é calculado somando-se o valor de todas as compras de determinado ativo, dividindo o resultado pelo número de cotas.

YOC = (rendimento por cota / preço médio individual por cota) X 100

Retomando o exemplo, o Fiagro WXYZ11 é negociado atualmente a R$ 100 por cota, mas o preço médio do investidor é de apenas R$ 90. Logo, se o rendimento mais recente foi de R$ 0,90 e nos últimos 12 meses o fundo entregou R$ 13 por cota, seu YOC mensal será de 1%, o YOC anual será de aproximadamente 14,44% e o YOC médio mensal dos últimos 12 meses será de aproximadamente 1,20%.

Além de verificar o *Dividend Yield*, é importante estudar o histórico de distribuição de proventos do Fiagro, uma vez que eventos não recorrentes podem adulterar a percepção sobre os resultados gerais do ativo. Suponha que um Fiagro tenha vendido um imóvel rural, por exemplo: isso impactará a distribuição de proventos em alguns meses, mas posteriormente o fundo voltará a distribuir rendimentos mais comedidos.

Portanto, é bom comparar o histórico de distribuição de rendimentos com o rendimento mais recente e aferir se estão em linha com as expectativas do mercado ou com as propostas dos gestores, se são regulares ou voláteis e, por fim, se são frequentes ou espaçados, dado que os Fiagros não são obrigados a efetuar distribuições mensais de proventos.

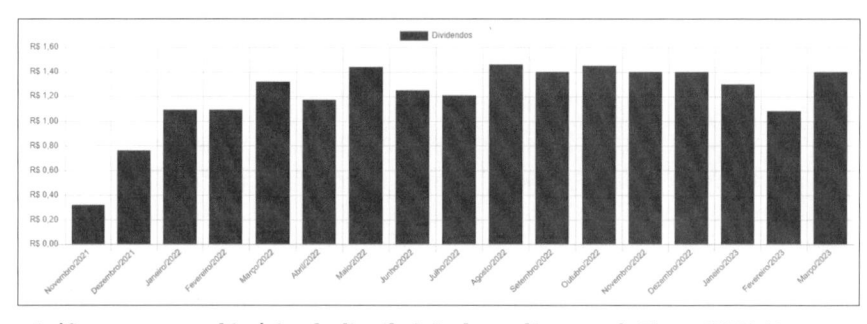

Gráfico apresenta o histórico de distribuição de rendimentos do Fiagro KNCA11, entre novembro de 2021, quando o fundo distribuiu R$ 0,32 por cota, e março de 2023, quando a distribuição foi de R$ 1,40 por cota (fonte: https://www.fundsexplorer.com.br/funds/knca11 – *link* acessado em 14/04/2023).

Cabe ressaltar que o *Dividend Yield* de um Fiagro jamais deve ser o único indicador fundamentalista a ser considerado numa análise, devendo fazer parte de um conjunto de fatores que englobam outros indicadores quantitativos, além dos aspectos qualitativos.

Patrimônio Líquido (PL)

O Patrimônio Líquido de um Fiagro é composto pela somatória do capital subscrito de seus cotistas, bem como por lucros resultantes de suas operações, após a compensação de eventuais prejuízos anteriores e o pagamento de custos relacionados às ofertas públicas iniciais de cotas e emissões de novas cotas que visam, justamente, ao aumento de PL do ativo.

Vale lembrar que, se o PL de um Fiagro cresce a partir dos lucros de suas operações, ele diminui assim que os rendimentos são distribuídos entre os cotistas.

Os Fiagros que possuem imóveis rurais podem passar por variações em seu PL, em função de marcações a mercado feitas usualmente uma vez ao ano, em função de laudos de avaliação que podem utilizar métodos distintos, desde a comparação com outros imóveis semelhantes, passando pelos custos de reposição do imóvel em questão e até as estimativas sobre seus fluxos de caixa futuros.

Já o Fiagro focado em CRAs terá seu PL reavaliado de tempos em tempos considerando o preço de cada operação no mercado secundário, podendo levar em conta, também, o *spread* para títulos públicos, sempre tendo como referência o momento de aquisição de cada CRA. Existe ainda a marcação na curva, conforme a rentabilidade definida em contrato de cada operação.

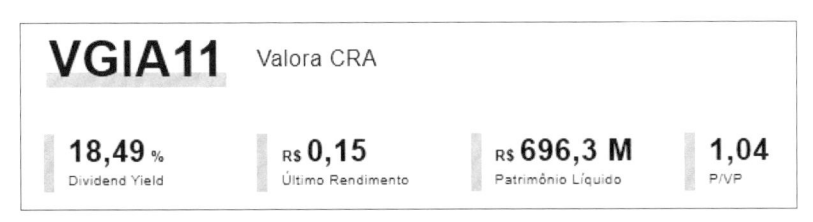

Em abril de 2023 o Patrimônio Líquido do Fiagro VGIA11 estava avaliado em R$ 696,3 milhões (fonte: https://fiis.com.br/vgia11/ – *link* acessado em 14/04/2023).

Em termos comparativos com os fundos imobiliários, os Fiagros ainda possuem um PL relativamente baixo, mas com forte tendência de crescimento. Em setembro de 2022, por exemplo, havia 50 fundos imobiliários com PL superior a R$ 1 bilhão de reais, sendo que apenas o KNIP11 detinha mais de R$ 7,6 bilhões em Patrimônio Líquido, ao passo que o KNCA11, o maior Fiagro de então, tinha PL de apenas R$ 817 milhões. Dos 21 Fiagros listados na B3 neste período, apenas 6 tinham PL superior a R$ 250 milhões.

Resta perguntar: tamanho é documento? A depender do perfil mais defensivo e conservador do investidor, sim, pois quanto maior for o PL de um Fiagro, mais seguro ele será, refletindo a capacidade de seus gestores de fazer alocações corretas que lhes permitam realizar emissões bem-sucedidas de novas cotas.

Isso não impede que Fiagros menores, com menos de R$ 30 milhões em Patrimônio Líquido, cresçam ao longo do tempo, uma vez que o PL não deve ser considerado de forma isolada numa análise.

Valor Patrimonial (VP)

O Valor Patrimonial (VP) por cota de um Fiagro é resultante da divisão de seu Patrimônio Líquido (PL) pelo número de cotas:

VP = PL / número de cotas

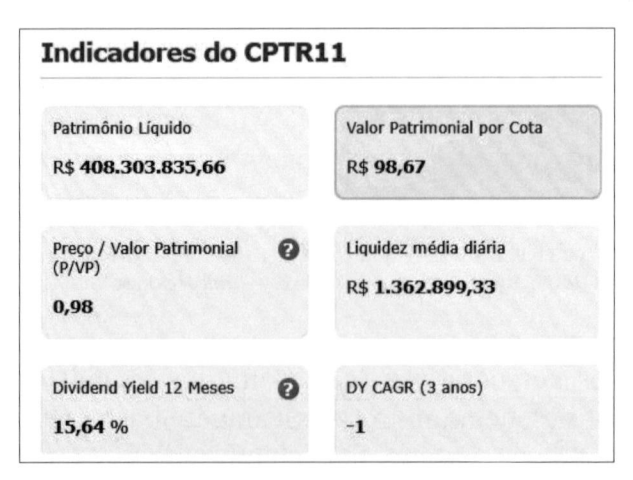

Em abril de 2023 o Valor Patrimonial por cota do Fiagro CPTR11 estava avaliado em R$ 98,67 (fonte: https://fiagro.com.br/cptr11/ – *link* acessado em 14/04/2023).

Por exemplo, o Fiagro WXYZ11 tem um Patrimônio Líquido de R$ 100 milhões distribuídos em 1,1 milhão de cotas. Logo, o Valor Patrimonial por cota será de aproximadamente R$ 90,91.

VP = R$ 100.000.000,00 / 1.100.000

VP = R$ 90,90909090 ~ R$ 90,91

Preço / Valor Patrimonial (P/VP)

Este indicador fundamentalista é um importante referencial para avaliar se um Fiagro está caro demais ou barato demais, pois relaciona o Preço de Mercado da cota do ativo e o seu Valor Patrimonial por cota:

P/VP = Valor de Mercado da cota / Valor Patrimonial da cota

Assim, se o preço da cota do Fiagro WXYZ11 é de R$ 100 e o seu Valor Patrimonial por cota é de R$ 90,91, temos o seguinte cálculo:

P/VP = R$ 100 / R$ 90,91

P/VP = 1,099989 ~ 1,10

Em linhas gerais, se um Fiagro apresenta um *Dividend Yield* atrativo, combinado com um P/VP próximo ou igual a 1, tanto melhor para o investidor mais defensivo, uma vez que, se o V/VP for muito acima de 1, pode significar que o Fiagro em questão está caro. Por outro lado, um P/VP muito abaixo de 1 pode parecer uma oportunidade de compra que esconde riscos futuros.

Cabe ao investidor estabelecer margens de segurança neste sentido, como não prosseguir na análise caso o P/VP esteja abaixo de 0,80 ou superior a 1,10, por exemplo. Se o rigor aumentar, o intervalo pode ser menor, entre 0,90 e 1,05, e assim por diante.

O Valor Patrimonial de um Fiagro quase sempre é diferente de seu Valor de Mercado, que também pode ser diferente de seu

Valor Justo. Este, por sua vez, pode ser atribuído pelo analista versado em técnicas de *Valuation* que consideram os distintos segmentos de atuação de cada fundo, bem como questões macroeconômicas. Quando se observa que o Valor de Mercado de um Fiagro está abaixo de seu Valor Justo, atribuído pelo analista por meio de um *Valuation*, abre-se o critério de oportunidade para alocação de capital neste ativo.

VAL. PATRIMONIAL P/COTA

R$ 98,23

PATRIMÔNIO
R$ 393.431.665,56

P/VP

0,81

VALOR DE MERCADO
R$ 320.373.068,36

RENDIMENTO MENSAL MÉDIO (24M)
R$ **0,74692308**

→ NEGOCIAÇÕES DO BBGO11

MARÇO / 2023

TOTAL
3.739

VOLUME (R$)
6.293.197,64

Em abril de 2023 o P/VP do Fiagro BBGO11 estava avaliado em 0,81 (fonte: https:// statusinvest.com.br/fiagros/bbgo11 – *link* acessado em 14/04/2023).

Entre as técnicas de *Valuation* que podem ser adotadas, estão a observação do histórico do P/VP de um Fiagro específico, comparando o múltiplo atual com uma média identificada desde o seu lançamento no mercado, bem como a comparação do múltiplo deste Fiagro com os múltiplos de Fiagros de perfil semelhante.

Liquidez

Uma das vantagens do investimento em Fiagros, frente ao investimento direto em imóveis e papéis ligados ao agronegócio, é a facilidade para comprar e vender os ativos sem passar por trâmites burocráticos onerosos e sem ter que desembolsar quantias mínimas consideráveis, no caso de CRAs e LCAs, por exemplo.

A liquidez dos Fiagros pode ser mensurada de três formas, conforme são divulgadas nas plataformas virtuais: pela liquidez média diária em reais, pelo número de negociações diárias ou pelo número de negócios efetuados por mês.

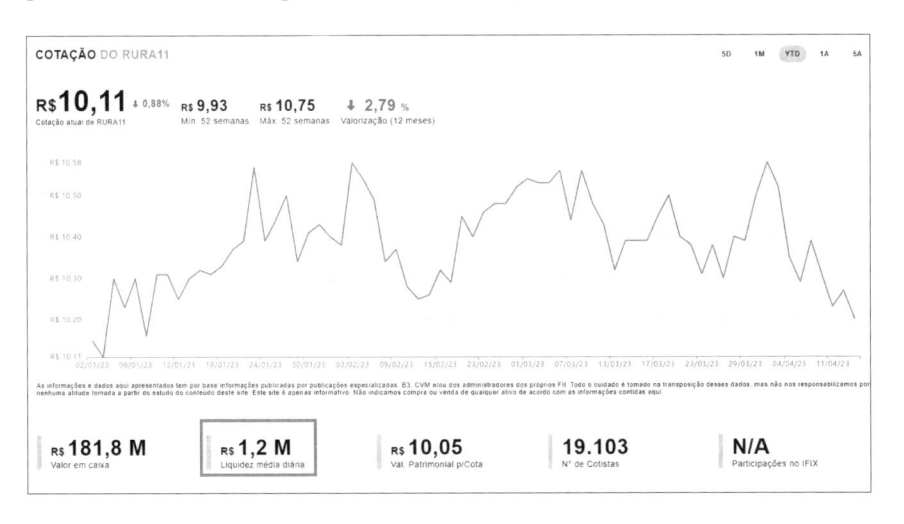

Em abril de 2023 a liquidez média diária do Fiagro RURA11 estava em R$ 1,2 milhão (fonte: https://fiis.com.br/rura11/ – *link* **acessado em 14/04/2023).**

Em termos comparativos entre os Fiagros e o FIIs, verificados em setembro de 2022, os cinco Fiagros mais transacionados por mês faziam ao menos 86 mil negociações nesse período. Já os cinco FIIs mais transacionados por mês faziam ao menos 186 mil negociações. Portanto, embora sejam muito mais recentes que os FIIs, os Fiagros já representam um bom número de negociações mensais.

Para o investidor novato, que deve priorizar a liquidez elevada, uma boa nota de corte para o número mínimo de negociações por mês seria em torno de 10 mil, embora, no médio a longo prazo, esta barreira tenda a ser vencida com facilidade pela maioria dos Fiagros.

Se considerarmos a liquidez média diária em reais e compararmos o maior FII em Patrimônio Líquido com o maior Fiagro neste quesito, com base em setembro de 2022, os números seriam os seguintes: o FII KNIP11 negociava em média mais de R$ 10,7 milhões por dia, enquanto o Fiagro KNCA11 negociava em média pouco mais de R$ 1,3 milhão por dia. Ou seja, o volume negociado pelo maior FII era cerca de oito vezes o volume negociado pelo maior Fiagro.

Novamente, para o investidor novato ou mais defensivo, seria possível estabelecer um valor mínimo de liquidez média diária dos Fiagros? É impossível ser taxativo neste sentido, mas um número de bom senso, neste momento inicial dos Fiagros, seria em torno de R$ 250 mil.

Ao contrário dos FIIs, que contam com o IFIX como referência para a liquidez dos ativos, os Fiagros ainda não dispõem de um índice oficial da B3 neste sentido, até o momento da publicação deste livro.

Número de cotistas

Existem dados sobre os Fiagros que não se constituem necessariamente em indicadores fundamentalistas, mas servem de referência para tecer análises. Por exemplo: o número de cotistas. Se for relacionado com o número total de cotas do Fiagro, pode revelar se há alguma concentração de cotas nas mãos de poucos investidores, o que pode refletir no resultado das assembleias em que os cotistas possuem direito a voto, nas quais os minoritários poderiam ficar sem voz ativa perante os controladores.

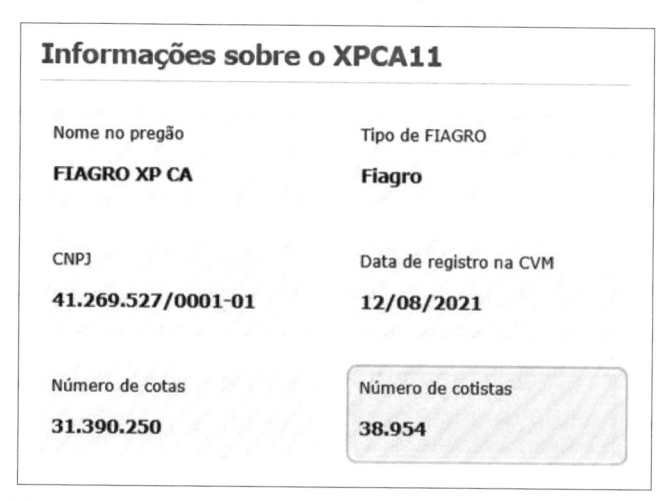

Em abril de 2023 o Fiagro XPCA11 contava com 38.954 cotistas (fonte: https://fiagro. com.br/xpca11/ – *link* acessado em 14/04/2023).

Cabe salientar que, quanto mais pessoas estão expostas a um ativo, maior a confiança nele, havendo uma sinalização mais clara do mercado em relação ao investimento. Além disso, geralmente os fundos com mais cotistas recebem maior cobertura por parte dos times de análise, ofertando mais informações a respeito deles.

Para esse critério, você pode consultar o relatório gerencial de cada um dos Fiagros nos quais pretende investir. Alternativamente, pode consultar o fundo correspondente nos portais agregadores de dados, que citamos anteriormente.

Outras informações

Observar a data de registro na CVM ajuda a identificar os Fiagros com os maiores históricos de entrega de proventos e revelar o grau de experiência de gestores e administradores, quando não há alguma troca neste sentido.

Uma pergunta importante a ser feita é sobre o tipo de gestão, dado que as gestões ativas são preponderantes sobre as gestões passivas, num mercado em constante evolução.

Por fim, cabe atentar para as taxas relacionadas aos Fiagros. A taxa de administração reflete uma porcentagem que pode incidir sobre o Patrimônio Líquido do Fiagro ou sobre seu Valor de Mercado, caso passe a integrar um índice referenciado pela Bolsa de São Paulo. Pode haver também uma taxa de performance ancorada num *benchmark*, como, por exemplo, o CDI; e ainda a taxa de escrituração, também relativa ao Patrimônio Líquido ou Valor de Mercado do Fiagro, caso este integre algum índice referendado pela B3.

VII – PONTOS DE ATENÇÃO

O Fiagro é uma opção de alocação de recursos atrativa para quem se interessa em diversificar sua carteira de investimentos e explorar o potencial do agronegócio brasileiro. Como ocorre com todo ativo de renda variável, a escolha de um Fiagro depende de uma investigação cuidadosa, que vai além dos indicadores fundamentalistas.

A análise de um Fiagro pode envolver a avaliação do histórico de desempenho do fundo, da qualidade e da experiência da equipe gestora, do perfil de risco do investimento, da diversificação de seu portfólio e do potencial de retorno financeiro. Além disso, é importante considerar os fatores externos que podem afetar o desempenho do agronegócio, como as condições climáticas, as oscilações de mercado e a regulamentação governamental.

Análises criteriosas dos Fiagros auxiliam na tomada de decisões mais racionais, mitigando os riscos associados a esse tipo de investimento. Ao fazer uma checagem minuciosa, os investidores podem identificar as melhores oportunidades de investimento e maximizar o potencial de retorno financeiro. Todo processo de avaliação suscita cautela, pois inclui aspectos subjetivos. Ainda assim, podemos seguir modelos e técnicas pré-estabelecidas para fundamentar uma decisão.

No caso dos Fiagros, do ponto de vista quantitativo, podemos conduzir a avaliação de forma parecida à dos FIIs. Porém, quanto aos aspectos qualitativos, precisamos considerar algumas particularidades para esse tipo de investimento. Dentre os vários pormenores para avaliar um Fiagro, podem ser salientados os pontos fundamentais que merecem atenção e que jamais devem ser considerados isoladamente, e sim em conjunto.

Conheça a gestora do Fiagro

Para uma escolha consciente, é crucial observar a capacidade técnica da equipe de gestão no segmento do agronegócio. A gestora responsável pelo fundo em análise conhece o setor de perto? Apesar de o Agro ser hoje o setor mais vibrante da economia nacional, existe um descolamento entre quem vive a atividade *in loco* e quem está nos escritórios. Logo, é preciso averiguar se há profissionais que entendem os diversos aspectos do agronegócio. Eles conhecem suas vantagens competitivas e os seus gargalos?

A gestora também precisa ser competente no mercado de crédito: seus profissionais sabem interpretar um Balanço Financeiro? Sabem analisar as empresas e os ativos que integram o portfólio do fundo? Além disso, devemos considerar, também:

- Estrutura da equipe: considere a experiência prévia do time no mercado financeiro e agroindustrial. Verifique ainda a continuidade da equipe, isto é, se há rotatividade excessiva. Saiba quem é quem. Pesquise os nomes nas redes sociais, como o LinkedIn.

- Histórico de desempenho: verifique os resultados da gestora em outros fundos sob sua administração. Compare os retornos com *benchmarks* relevantes e com outros fundos similares para avaliar a consistência das rentabilidades e o potencial de geração de valor para o investidor.

- Transparência: é um aspecto relacionado a estratégia de investimento, composição da carteira, riscos, taxas de administração e de performance. A gestora deve disponibilizar informações relevantes e atualizadas para seus cotistas, respeitando as obrigações legais.

- Governança corporativa: item que engloba os processos internos de tomada de decisão, o controle de riscos, as questões de *compliance* e divulgação de informações aos cotistas. Investigue se a gestora possui uma estrutura adequada de auditoria e monitoramento de riscos.

- <u>Relacionamento com os investidores:</u> seja criterioso com a qualidade do atendimento, a disponibilidade de informações e a prontidão em responder aos questionamentos dos cotistas.

A partir de meados da década de 2010, paulatinamente foi crescendo a participação de gestores em redes sociais, buscando uma interação menos formal e mais direta com os cotistas. Essa postura, respeitadas as legislações e restrições impostas ao gestor e aos veículos de investimento, pode contribuir para enriquecer a relação entre a gestora e os clientes, além de municiar o cotista com informações importantes acerca do investimento.

Avalie o *book* de crédito do Fiagro-FII de papéis

Toda gestora de Fiagro-FII de papéis precisa publicar mensalmente um relatório gerencial, com uma relação dos devedores, nos quais a gestora escolheu alocar seus recursos. Veja, por exemplo, a informação sobre parte das alocações do BB Fundo de Investimento de Crédito Fiagro Imobiliário (BBGO11), na próxima página.

Neste ponto, devemos considerar que todos os Fiagros ainda são estruturas novas em 2023 e estão iniciando a construção de seus portfólios. Por isso, é possível que parte dos Fiagros já listados apresente algum grau de concentração de ativos. Nesse sentido, o investidor precisa ter atenção, visto que uma concentração elevada de devedores na carteira pode ocasionar um impacto relevante, se riscos de crédito forem confirmados.

O investidor deve acompanhar o time de gestão, o crescimento do fundo e a pulverização dos riscos. A gestora tem o papel de escolher boas empresas e bons ativos para alocação. Avalie se o *book* de crédito é transparente e questione como estão essas empresas. A gestora publica o nome de todos os devedores ou a relação é incompleta? A partir dos nomes publicados no relatório, faça uma investigação complementar pela Internet. Averigue a saúde financeira e a qualidade das operações de cada devedor relacionado.

COMPOSIÇÃO DA CARTEIRA

Data Compra	Vencimento	Qtde	Financeiro	%	Índice
			LAR COOPERATIVA		
17/01/2022	15/11/2026	3.179	R$ 3.506.289,83	0,89%	IPCA
14/02/2022	15/11/2026	10.000	R$ 11.029.537,05	2,79%	IPCA
			VALE DO TIJUCO		
17/02/2022	15/01/2029	7.084	R$ 7.128.842,21	1,80%	IPCA
			ELDORADO		
18/01/2022	15/09/2027	10.000	R$ 11.209.494,86	2,84%	IPCA
15/03/2022	15/09/2027	9.350	R$ 10.480.877,69	2,65%	IPCA
22/03/2022	15/09/2027	4.000	R$ 4.483.797,94	1,13%	IPCA
			CEREAL		
29/12/2021	16/11/2026	10.000	R$ 10.518.158,67	2,66%	IPCA
			JBS		
30/12/2021	15/12/2036	3.000	R$ 2.890.768,64	0,73%	IPCA
			BELAGRÍCOLA		
04/02/2022	03/12/2025	15.000	R$ 15.570.678,30	3,94%	CDI
			GDM GENÉTICA		
16/03/2022	21/12/2026	2.400	R$ 2.493.902,42	0,63%	CDI
18/03/2022	21/12/2026	3.300	R$ 3.429.115,83	0,87%	CDI

Reprodução parcial da página 4 do relatório gerencial do Fiagro BBGO11, de fevereiro de 2023 (fonte: https://www.bb.com.br/docs/portal/dtvm/relbbfiagrofev23.pdf?pk_ vid=1e6396ba77ef7469168061278993c03a – *link* acessado em 19/04/2023).

Ainda nesse aspecto, é fundamental observar como a gestão lida com a concentração de devedores em seu portfólio de ativos, caso isso seja constatado.

Embora seja natural que o Fiagro tenha um número maior de ativos concentrados em determinados devedores, no início da sua estruturação, algumas medidas podem ser tomadas pela gestora para que esse risco seja reduzido com o tempo. Entre eles, acompanhar de perto os devedores, possuir uma estrutura robusta de garantias e executar detalhadamente uma diligência do devedor e dos ativos, para evitar riscos de recuperação judicial ou outros problemas.

Portfólio diversificado

O Fiagro em análise possui diversificação entre ativos? A diversificação visa reduzir o risco do portfólio do fundo, ao distribuir o patrimônio em diversas empresas ou ativos financeiros. Um Fiagro, mesmo que tenha apenas um Certificado de Recebíveis do Agronegócio (CRA) em sua carteira, pode possuir muitas Cédulas de Produto Rural (CPRs) lastreando a operação. Quantos produtores rurais estão lastreando o produto financeiro? De quais setores?

A diversificação também pode ser avaliada por diversas óticas, como a diversificação de cultura ao qual o Fiagro está exposto, que pode ser, por exemplo, soja, indústria sucroalcooleira e milho. Assim, é possível verificar os períodos mais suscetíveis a eventos que afetem as safras e, consequentemente, a saúde financeira dos devedores do fundo.

Além disso, a diversificação regional também é uma forma de avaliar o fundo, uma vez que os Fiagros com ativos distribuídos em diferentes regiões amenizam os riscos da carteira, em caso de fatores adversos associados ao local, que possam comprometer a renda dos devedores.

Adicionalmente, os Fiagros podem investir além das dívidas que são diretamente atreladas a indexadores de mercado, adquirindo terras, por exemplo, que podem trazer um potencial elevado de valorização patrimonial a longo prazo.

Tomemos o caso do fundo Riza Fiagro (RZAG11). Para avaliar sua diversificação, podemos considerar a composição do seu portfólio conforme a cultura, a geografia e os ativos. Segundo o relatório gerencial de fevereiro de 2023, o fundo era composto, majoritariamente, por ativos com cultura em soja (51,4%), mas com distribuição em culturas diversas, como algodão, milho, sorgo e outros.

Geograficamente, o fundo possui ativos em nove estados brasileiros, com predomínio de área produtiva na Bahia (33%), Maranhão (30%) e Goiás (18%).

PORTFÓLIO POR REGIÃO

Área produtiva de cada região por ativo ponderado pelo % do ativo / PL

MA 30%
PI 14%
TO 8%
BA 33%
MT 0%
GO 18%
MG 8%
SP 1%
PR 1%

Reprodução parcial da página 5B do relatório gerencial do Fiagro RZAG11, de fevereiro de 2023 (fonte: https://docs.rizaasset.com/produtos/fiagro/relatorios-gestao/2023/riza-fiagro-relatorio-gestao-02.pdf – *link* acessado em 19/04/2023).

Quanto aos investimentos, o portfólio do fundo encontra-se diversificado com 25 ativos e nove devedores diferentes.

Reprodução parcial da página 8 do relatório gerencial do Fiagro RZAG11, de fevereiro de 2023, com a especificação dos devedores do fundo e breves descrições de cada um (fonte: https://docs.rizaasset.com/produtos/fiagro/relatorios-gestao/2023/riza-fiagro-relatorio-gestao-02.pdf – link acessado em 19/04/2023).

Logo, a existência de diversificação nos Fiagros deve ser avaliada sob diversos ângulos. No caso anterior, há uma predominância de alocações em CRAs, mas com uma base de devedores pulverizada, o que tende a diminuir o risco.

A ocorrência dos ciclos

Alguns aspectos relacionados às estruturas dos mercados também devem ser considerados. De tempos em tempos, o panorama para investimentos em determinados ativos se modifica, sendo necessário compreender a dinâmica desses movimentos. Em outras palavras, os diversos produtos de investimento se relacionam com os ciclos econômicos, que apresentam períodos alternados de expansão e retração, conforme a conjuntura de cada momento. Dentre os ciclos que afetam diretamente os Fiagros, estão os ciclos imobiliários e os das *commodities*.

Os ciclos imobiliários

O mercado imobiliário é conhecido por sua previsibilidade, uma vez que segue ciclos que se repetem ao longo das décadas, ao menos em países como o Brasil e os Estados Unidos. Por isso, torna-se fundamental entender esses ciclos e suas fases para a realização de investimentos em ativos imobiliários. Podemos dizer que o mercado imobiliário possui um ciclo composto por quatro fases distintas: recuperação, expansão, excesso de oferta e recessão.

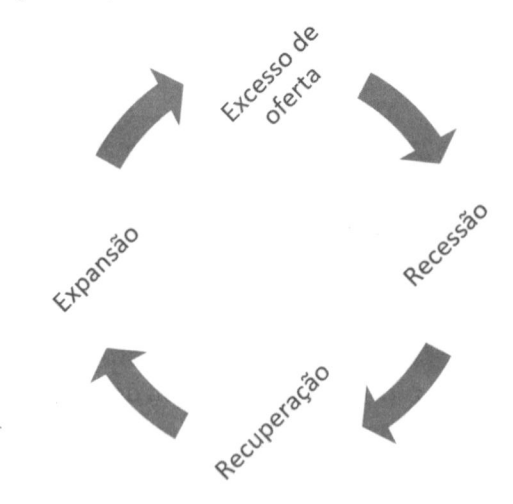

Representação do ciclo do mercado imobiliário. Pelo sentido horário: o excesso de oferta no topo, a recessão logo a seguir, a recuperação na parte baixa do ciclo e a consequente expansão até o excesso de oferta, novamente. Elaboração: Suno Research.

A fase de recuperação começa na parte de baixa do ciclo, sendo caracterizada por uma retomada de demanda, com grande oferta e a maior taxa de vacância entre as fases. À medida que a quantidade de imóveis vagos diminui, os valores dos aluguéis e de venda sobem, trazendo equilíbrio entre oferta e demanda, dando início à fase de expansão. As características particulares dessa fase são a retomada da atividade de construção, a queda gradativa nas taxas de vacância e o sentimento ainda presente de desconfiança no setor.

Na fase de expansão, embora haja um aumento da oferta de imóveis, à medida que as taxas de vacância diminuem ocorre um aumento significativo nos preços dos aluguéis. Nessa fase, existem algumas caraterísticas específicas como: entrada de capital para o setor de construção civil, elevado nível de atividade do setor, alta nos preços dos imóveis, aumento do emprego e da renda, incentivo ao crédito imobiliário e aumento da confiança em relação ao setor.

Na fase de excesso de oferta, a ponto de superar a demanda, aumenta a taxa de desocupação dos imóveis, trazendo estagnação nos investimentos. Como o mercado responde com atraso à demanda, os imóveis apresentam desvalorização mais lenta. Gestores e compradores são beneficiados diante da variedade de opções para compra. Entre as características dessa fase estão o aumento do número de imóveis vagos, a desaceleração da atividade de construção, a estabilização do preço dos imóveis e o sentimento ainda otimista com o setor.

Por fim, o persistente excesso de oferta dá origem à fase de recessão, fazendo com que a vacância seja relevante para construtoras e incorporadoras que possuem imóveis em estoque, não vendidos ou alugados. A previsão do prazo de duração da recessão depende da atividade econômica e de variáveis macroeconômicas, como as taxas básicas de juros, o crédito imobiliário, o desemprego e a relação entre oferta e demanda, para, então, voltar à fase de recuperação.

Considerando as fases do ciclo, é importante ter uma visão ampla de mercado para aproveitar as oportunidades em cada uma delas. Os preços dos imóveis, bem como dos produtos financeiros atrelados a imóveis, como os FIIs e os Fiagros derivados dos FIIs de tijolos, tendem a acompanhar esse ciclo.

Os ciclos das *commodities*

Ao contrário dos ciclos imobiliários, que estão ligados às oscilações de preços dos imóveis em determinada região ou país, os ciclos das *commodities* estão relacionados aos preços das matérias-primas negociadas no mercado internacional. São um ponto de atenção para os investidores, pois tanto a produção agrícola como a pecuária respondem pela comercialização de diversas dessas matérias-primas, sendo os Fiagros diretamente atrelados a esse mercado. O aumento nos preços dessas *commodities* pode afetar positivamente os produtores agrícolas e, consequentemente, uma base relevante da economia brasileira.

Os ciclos correspondem a períodos em que há uma mudança substancial nos preços, seguindo tendências de mercado. Deste modo, um ciclo de *commodities* refere-se às flutuações cíclicas nos preços e na demanda de matérias-primas, como metais, petróleo, alimentos e outros produtos básicos comercializados no mercado mundial. Esses ciclos têm durações variáveis e podem ser influenciados por vários fatores, como mudanças na oferta e demanda, variações climáticas, elementos geopolíticos e avanços tecnológicos, entre outros.

O funcionamento dos ciclos de *commodities* é regido pela lei da oferta e da demanda. Quando a oferta de uma *commodity* é limitada e a demanda é alta, o preço tende a subir. Por outro lado, quando a oferta é alta e a demanda é baixa, tende a cair. Para exemplificar, considere o caso da OPEP, a Organização dos Países Exportadores de Petróleo: quando a entidade anuncia um corte na produção de petróleo, sinaliza para o mercado uma diminuição da oferta futura desta *commodity*, o que gera maior pressão sobre o seu nível de preços.

Embora o petróleo não seja uma *commodity* agrícola, suas variações de preços influenciam todas as cadeias produtivas, pois os principais meios de transporte de insumos, matérias-primas e produtos finais ainda são altamente dependentes dos combustíveis fósseis.

As flutuações nos preços das *commodities* não afetam apenas os produtores e consumidores desses produtos, mas também têm impactos significativos na economia global e nos produtos financeiros correlacionados.

Alguns países e empresas podem se beneficiar de um aumento nos preços das *commodities*, enquanto outros podem ser prejudicados por uma queda nos preços. Esse movimento dependerá da posição do país ou da empresa em relação às respectivas *commodities*.

Embora os ciclos das *commodities* possam variar em duração e intensidade, geralmente seguem um padrão comum, composto por quatro fases:

- Fase de aceleração: a demanda por uma *commodity* específica supera a oferta disponível, o que leva a um aumento nos preços. Esse aumento pode ser causado por vários fatores, como crescimento da economia global, desastres naturais ou interrupções na produção.

- Fase de alta nos preços: com a demanda continuando a superar a oferta, os preços seguem subindo e atingem o pico. Nesta fase, os produtores aumentam a produção para atender à demanda crescente, mas podem levar algum tempo para ajustar a capacidade de produção.

- Fase de desaceleração: a oferta começa a se recuperar à

medida que os produtores aumentam a produção para aproveitar os preços elevados. No entanto, o aumento na oferta pode levar a uma queda nos preços, a partir do momento em que a demanda começa a diminuir.

- Fase de baixa nos preços: a oferta supera a demanda, o que leva a uma queda nos preços. Os produtores podem reduzir a produção ou interrompê-la completamente, a fim de ajustar sua capacidade à nova realidade do mercado.

Após a fase de baixa nos preços, os ciclos das *commodities* geralmente retornam à fase de aumento dos preços, reiniciando os processos.

Nem todos os ciclos das *commodities* seguem esse padrão de forma exata, embora sejam caracterizados pela presença de picos e vales. Graficamente, os ciclos podem não ser bem evidentes em alguns recortes temporais. No entanto, invariavelmente apresentam as características mencionadas, quando observados no longo prazo.

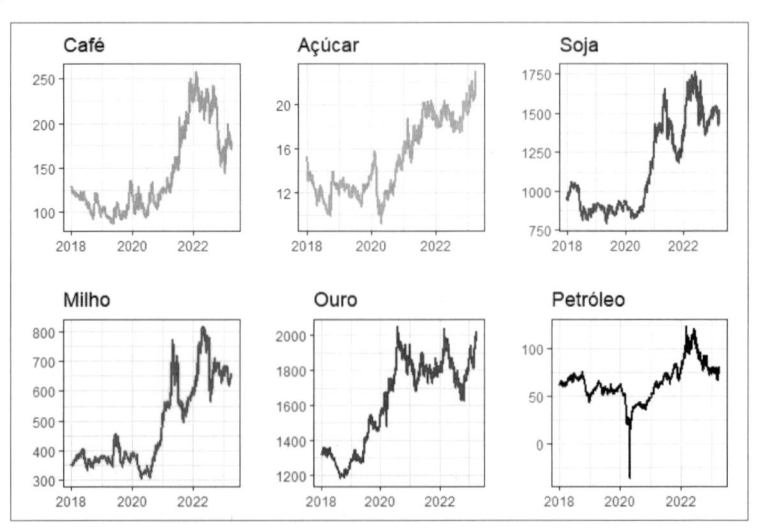

Gráficos com as cotações relativas ao café, açúcar, soja, milho, ouro e petróleo, entre os anos de 2018 e 2023. Elaboração: Suno Research.

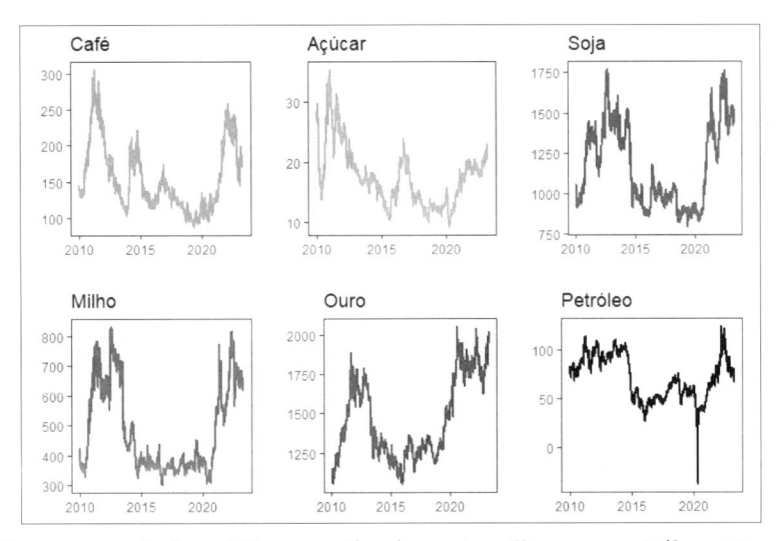

Gráficos com as cotações relativas ao café, açúcar, soja, milho, ouro e petróleo, entre os anos de 2010 e 2023. Elaboração: Suno Research.

Dessa forma, entender como os ciclos das *commodities* funcionam é importante para investidores, empresas e governos, que precisam se preparar e se adaptar às mudanças no mercado e às flutuações nos preços desses produtos básicos.

Em relação aos Fiagros, os ciclos das *commodities* podem ter um impacto significativo em seu desempenho, pois os projetos financiados ou gestados pelos fundos estão diretamente ligados à produção e comercialização de produtos agrícolas.

Quando os preços das *commodities* estão em alta, os projetos podem se beneficiar com maiores receitas e margens de lucro, tendo como resultado retornos mais atrativos para os investidores. Por outro lado, em períodos de queda nos preços das *commodities*, os projetos cobertos pelos Fiagros estão sujeitos a enfrentar dificuldades financeiras, o que pode afetar negativamente o desempenho do fundo e reduzir seus retornos para os investidores.

Nem sempre os ciclos são coincidentes

Como vimos, os ciclos imobiliários estão mais relacionados com as particularidades de cada região, estado ou país. Já os ciclos das *commodities* são influenciados por aspectos da economia globalizada. Logo, podemos concluir que estes ciclos não são necessariamente coincidentes.

Por isso, um portfólio bem diversificado deve incluir ativos de baixa correlação, suscetíveis a ciclos distintos, de modo a suavizar a volatilidade da carteira e contrabalancear a progressão da renda passiva gerada por esses ativos, que podem ser FIIs ou Fiagros, de onde se conclui que investidores de longo prazo não devem se ater a apenas uma modalidade de ativos.

As taxas de juros

Os ciclos citados anteriormente também são afetados pelas taxas de juros, ao mesmo tempo que as afetam. Quem investe em FIIs há alguns anos certamente já lidou com os efeitos que os movimentos das taxas de juros provocam tanto na cotação como nos rendimentos desses ativos, que possuem imóveis ou títulos lastreados em imóveis, como os CRIs, em suas carteiras. O desempenho desses ativos está diretamente relacionado ao desempenho do mercado imobiliário e ao comportamento dos juros.

Em geral, quando a taxa de juros está em queda, os FIIs tendem a apresentar uma valorização em suas cotas, pois a redução dos juros torna os investimentos em imóveis mais atrativos em relação a outras opções de investimento, como a renda fixa. Além disso, a queda dos juros pode levar a uma maior demanda por imóveis, o que pode beneficiar os fundos imobiliários.

Por outro lado, quando a taxa de juros está em alta, os FIIs podem sofrer desvalorização, pois os investimentos em renda fixa se tornam mais atraentes em relação aos imóveis e ao conjunto de investimentos em renda variável. Além disso, a alta dos juros pode desestimular a demanda por imóveis, o que tem potencial para impactar negativamente os fundos imobiliários.

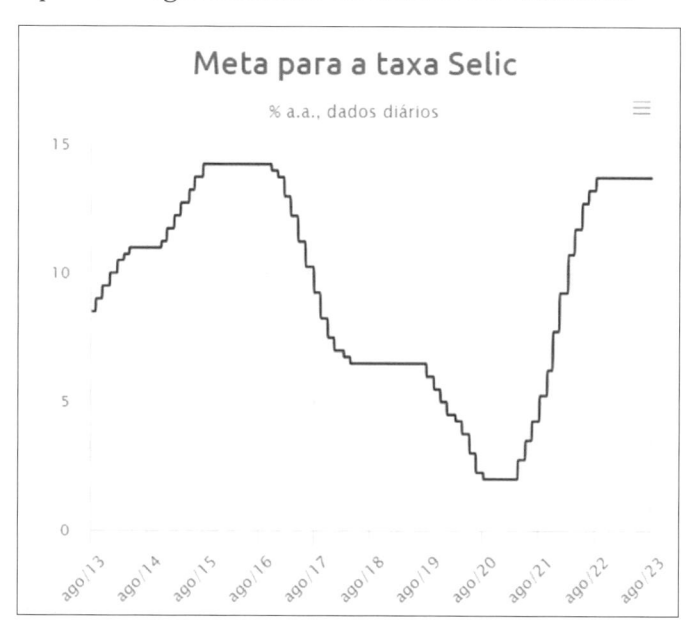

Gráfico apresenta a evolução da meta para a taxa Selic, definida em reuniões regulares pelo Copom (Comitê de Política Monetária do Banco Central do Brasil). Em agosto de 2013, a meta para a taxa Selic estava em 8,5% ao ano, alcançou o ponto máximo do período coberto em agosto de 2015, com 14,3%, e o ponto mínimo em agosto de 2020, com apenas 2%, retornando ao patamar de 13,8% em agosto de 2022, permanecendo assim até julho de 2023 (fonte: https://www.bcb.gov.br/controleinflacao/taxaselic – *link* acessado em 31/07/2023).

Assim como nos fundos imobiliários, quando a taxa de juros está em queda, os Fiagros tendem a apresentar uma valorização, pois a redução dos juros torna os investimentos em ativos do agronegócio mais atrativos em relação a outras opções de investimento. Além disso, a redução dos juros pode incentivar o consumo interno, o que pode beneficiar o setor primário da economia e, consequentemente, os Fiagros.

Por outro lado, quando a taxa de juros está em alta, os Fiagros podem sofrer desvalorização, pois investimentos em renda fixa se tornam mais atraentes em relação aos ativos do agronegócio. Além disso, a alta dos juros pode desestimular o consumo interno, o que pode impactar negativamente o desempenho do setor rural e, consequentemente, dos Fiagros.

Entretanto, os Fiagros que investem em papel, como os CRAs, têm suas receitas baseadas na remuneração dessas dívidas, que rendem um indexador (CDI, por exemplo) mais um prêmio. Os indexadores podem oscilar, principalmente nos cenários de turbulência de mercado, e impactam diretamente nos rendimentos.

Quando as taxas de juros sobem, a tendência é de aumento da rentabilidade dos Fiagros que operam com CRAs, a despeito do maior risco de inadimplência.

Assim, o investidor deve observar os indexadores, mas não se restringir a isso. A parte variável pode mudar conforme o momento do mercado, mas a parcela fixa de juros (*spread* de crédito ou prêmio) sustentará os rendimentos, mesmo com indexadores em níveis baixos.

O cenário econômico pode ser menos favorável aos rendimentos dos Fiagros de papel, quando os juros e a inflação estiverem mais baixos. Nesse caso, é preciso observar as características próprias de cada um deles, de modo a filtrar os que oferecem melhores relações entre risco e retorno.

Por isso, é importante que os investidores que desejam investir em Fiagros estejam atentos às variações da taxa de juros e ao comportamento do setor agrícola, de forma a identificar as melhores oportunidades de investimento e gerenciar os riscos envolvidos.

Visão em 360 graus

Cabe a cada investidor de Fiagros seguir o método do filósofo e matemático René Descartes para conduzir suas análises: estudando os pormenores de uma questão e posteriormente reunindo-os dentro de uma conjuntura. Quem se baseia apenas em fatores isolados para tomar uma decisão de investimento corre mais riscos do que aqueles que abordam os ativos com uma visão mais ampla.

Imagine que você tome uma decisão pautada exclusivamente no P/VP, citado no capítulo anterior. Se está com deságio, você conclui que pode ser uma boa oportunidade. Avalia também que o ativo está com muitos cotistas e decide aportar. Seria uma decisão segura? Nesse exemplo, o fundo pode estar com o *book* de crédito negativo, concentrado em empresas com situações ruins. Neste caso, a probabilidade de ter sido uma escolha equivocada é grande. Por isso, é fundamental considerar todos os pontos de atenção e indicadores fundamentalistas para a tomada de decisão.

A busca por estabilidade diante das incertezas

Diante de diversos fatores, você pode ficar indeciso em relação aos ativos ou ao momento ideal para investir. Realmente, prever os ciclos de mercado e escolher o momento certo para fazer aportes é uma tarefa difícil e potencialmente imprecisa. Por isso, a adoção de uma estratégia perene de investimentos, com aportes regulares de recursos, é fundamental para construir uma carteira sólida, voltada para o longo prazo.

Para tanto, é preciso definir seus objetivos de investimento e conhecer seu próprio perfil de tolerância aos riscos, para então selecionar uma combinação adequada de ativos na composição de seu portfólio financeiro, que deve refletir aspectos como o horizonte de investimento e as expectativas de retornos futuros.

Deste modo, recomendamos a diversificação da carteira de investimentos, baseada em diferentes tipos de ativos, como ações, FIIs, Fiagros e títulos públicos, entre outros, de forma a reduzir os riscos em caso de oscilações negativas em um único ativo ou setor.

É recomendável estabelecer uma porcentagem ideal para cada classe de ativos presente no portfólio e realizar os aportes regulares, que somam o dinheiro poupado das fontes de renda ativa com a renda passiva recebida em cada período, nas classes que ficarem defasadas em relação às porcentagens pretendidas. Assim, os recursos provavelmente serão alocados de forma anticíclica.

Para aportar regularmente, é importante ter disciplina e consistência no processo de investimento, independentemente das variações do mercado. Uma forma de fazer isso é definir um valor fixo de aporte a cada período – que pode ser mensal ou quinzenal, por exemplo – e manter esse compromisso ao longo do tempo, independentemente das variações do mercado.

Considere, ainda, buscar o auxílio de analistas profissionais, consultores financeiros ou casas de *research*, que possam ajudar a respeito da melhor alocação de ativos para sua carteira e monitorar sua evolução ao longo do tempo.

A soma do conhecimento sobre os investimentos com uma estratégia perene e comprovada, que combina princípios do *Value Investing* e do *Buy and Hold* (ou seja: o investimento em valor com baixo giro de ativos na carteira) é de fundamental importância para o controle emocional de quem investe, que passa a se blindar dos altos e baixos ininterruptos do mercado financeiro.

VIII - A TRIBUTAÇÃO INCIDENTE NOS FIAGROS

Escrever sobre tributação de investimentos no Brasil é um desafio, especialmente se o conteúdo for destinado a um livro de caráter perene. O motivo é que, a cada nova legislatura no Congresso Nacional, o debate em torno da reforma tributária se reacende. Trata-se de uma história que se repete pelo menos desde 1988, quando a mais recente Constituição Federal do Brasil foi promulgada.

Independentemente de uma reforma tributária radical, pequenas modificações sobre a cobrança de impostos são implementadas ao longo dos anos. A Receita Federal também promove aprimoramentos e ajustes pontuais em sua rede de serviços direcionados para pessoas físicas e jurídicas, incluindo o programa para a DIRPF (Declaração de Imposto de Renda para Pessoa Física).

Portanto, cabe aos contadores, empresários e investidores acompanhar de perto as intermitentes modificações no arcabouço fiscal brasileiro que, sim, poderia ser mais estável e previsível, diminuindo o chamado "Custo Brasil" e a insegurança jurídica que afeta o ambiente de negócios, embora isso não impeça a atuação de empreendedores no país – apenas representa um desafio a mais.

Este cenário, portanto, não é exclusividade para os investidores do agronegócio, mas abrange todos os tipos de investimentos, inclusive os de renda fixa.

Em função disso, deveríamos nos eximir de tratar da questão tributária sobre os Fiagros neste livro? De modo algum. Entendemos que o correto é registrar como se dá – no momento da publicação deste livro – a cobrança de impostos relacionados a este tipo de ativo de renda variável, conforme previsto na Lei nº

14.130, que instituiu os Fundos de Investimento nas Cadeias Produtivas Agroindustriais em 29 de março de 2021, alertando sobre a necessidade de buscar atualização constante sobre o tema.

Incentivo para transferência de imóveis rurais para os Fiagros

Um diferencial da Lei nº 14.130 em relação aos fundos imobiliários está reproduzido a seguir:

> *"Art. 20-E. As cotas dos Fiagro podem ser integralizadas em bens e direitos, inclusive imóveis.*
>
> *(...)*
>
> *§ 1º O pagamento do imposto sobre a renda decorrente do ganho de capital sobre as cotas integralizadas com imóvel rural por pessoa física ou jurídica poderá ser diferido para a data definida para o momento da venda dessas cotas, ou por ocasião do seu resgate, no caso de liquidação dos fundos.*
>
> *(...)*
>
> *§ 2º Na alienação ou no resgate das cotas referidas no § 1º deste artigo, o imposto sobre a renda diferido será pago em proporção à quantidade de cotas vendidas.*
>
> *§ 3º Os imóveis rurais destinados à integralização de cotas dos Fiagro deverão ser previamente avaliados por profissional ou por empresa especializada, nos termos de regulamento."*

Ou seja, suponha que uma família de fazendeiros tenha comprado uma propriedade rural por R$ 500 mil, por exemplo, e que posteriormente tenha decidido migrar estas terras para a gestão profissional relacionada a um Fiagro e que, neste momento, o imóvel tenha sido avaliado por R$ 1 milhão. Então, o ganho de capital seria de R$ 500 mil, sobre os quais haveria incidência de Imposto de Renda. Essa cobrança ficaria postergada para o momento da alienação do imóvel por parte do Fiagro.

Esse aspecto da lei, entretanto, beneficiará uma parcela muito pequena dos investidores e empreendedores do agronegócio. Para a grande maioria dos cotistas dos Fiagros, que atuam na condição de pessoa física, cabe atentar para os pontos a seguir, similares aos já verificados nos FIIs.

Isenção de impostos sobre os rendimentos

Um dos grandes atrativos dos Fiagros é que a geração de renda passiva para o cotista é potencialmente livre de impostos. Para tanto, o fundo deve ter pelo menos 50 cotistas e o cotista não poderá ter mais do que 10% do valor patrimonial do ativo. Caso contrário, a incidência sobre os rendimentos será de 20%.

Mesmo quando beneficiados por isenção fiscal, os rendimentos totais dos Fiagros, em determinado ano, devem ser reportados pelo investidor na DIRPF do ano seguinte.

Tributação sobre ganho de capital: 20%

O investidor de Fiagro que revender suas cotas com apuração de lucro deverá recolher 20% sobre os ganhos para a Receita Federal, mediante o pagamento de DARF (Documento de Arrecadação de Receitas Federais).

Essa apuração deve ser feita mensalmente pelo próprio cotista. Ou seja, é possível realizar várias vendas de cotas durante um mês, de diversos Fiagros. O cálculo se dará sobre o montante das vendas e o pagamento do DARF deverá ser efetuado até o último dia útil do mês subsequente.

Caso o investidor tenha apurado prejuízo no montante de suas vendas mensais de cotas de Fiagros, ele poderá informar o valor negativo na DIRPF do ano seguinte. Esse prejuízo, quando anotado, poderá ser compensado com a apuração de lucros posteriores, sem que haja necessidade de recolhimento de DARF até a compensação do prejuízo.

Pela mesma lógica, a apuração de lucros com vendas mensais de cotas de Fiagros deve ser reportada na DIRPF do ano seguinte. Caso o pagamento dos DARFs não tenha sido efetuado, o contribuinte fica sujeito à cobrança de multas e penalidades.

Cabe ao investidor prestar atenção nas notas de corretagem das vendas de ativos, a respeito do IRRF (Imposto de Renda Retido na Fonte). Trata-se de um valor simbólico que a corretora de valores ou o banco que oferecem o serviço de *Home Broker* repassam diretamente para a Receita Federal. Por menores que sejam, tais valores podem ser abatidos em relação ao valor total apurado para o recolhimento do DARF.

Se em determinado mês um investidor de Fiagros não vender nenhuma de suas cotas, obviamente não haverá necessidade de fazer a apuração de ganho ou prejuízo. Consequentemente, nenhum imposto será pago. Ou seja, o investidor criterioso de longo prazo, que compra os ativos para segurar por tempo indeterminado, tende a pagar menos tributos e a realizar menos prejuízos em sua jornada – e isso pode ser decisivo para a sua acumulação de patrimônio com incremento de renda passiva.

Deve ser salientado que todo o lucro mensal proveniente da venda de cotas de Fiagros é passível do pagamento de Imposto de Renda sobre o ganho de capital, ao contrário das ações de empresas de capital aberto, que isentam o investidor que movimentar menos de R$ 20 mil mensais.

No caso dos Fiagros, não existe distinção de alíquotas de IR sobre ganho de capital com vendas de cotas no modo *swing trade* ou *day trade,* pois a alíquota de 20% sobre o lucro mensal apurado vale para as duas modalidades. Só para constar, no caso das ações, a alíquota é de 20% para os lucros de *day trade* e 15% para os lucros de *swing trade.*

Procedimento para geração e pagamento de um DARF

Assim que um mês se encerra, o investidor pessoa física deve calcular os resultados das vendas efetuadas nas diversas modalidades de investimento em renda variável, como ações, FIIs e Fiagros.

Se houver investimento em ações, deve-se observar o critério de isenção para o volume máximo de R$ 20 mil em vendas, bem como diferenciar as modalidades de operações, como *day trade* e *swing trade.* Assim, as alíquotas serão calculadas separadamente.

Os prejuízos acumulados nos meses anteriores podem ser compensados para cada tipo de operação, separando o que é *day trade* e *swing trade* no caso de ações, além das operações com vendas de FIIs e Fiagros, pois uma classe de ativos não pode compensar o eventual prejuízo de outras classes.

Após a aplicação das alíquotas distintas para cada classe de ativos e modalidade de investimentos, somam-se os valores separados para encontrar o Imposto de Renda devido, do qual o IRRF poderá ser descontado.

No DARF (ver imagem na próxima página), que pode ser preenchido via *Internet Banking*, deverá constar o Nome e o Telefone de contato do investidor pessoa física no campo 01, bem como o Período de Apuração no campo 02, que será o último dia corrido do mês condizente com o imposto devido. No campo 03 deve ser informado o Número do CPF e no campo 04 o Código da Receita a ser mencionado é o 6015, relativo às operações lucrativas de pessoa física em Bolsa de Valores.

02	Período de Apuração	
03	Número CPF ou CNPJ	
04	Código da Receita	
05	Número de Referência	
06	Data de Vencimento	
07	Valor do Principal	
08	Valor da Multa	
09	Valor dos Juros e/ou Encargos DL-1025/69	
10	Valor Total	
11	Autenticação bancária (somente 1ª e 2ª vias)	

Detalhe com os campos 02 ao 11 do DARF.

O campo 05 não deve ser preenchido. Já a Data de Vencimento do campo 06 será o último dia útil do mês posterior ao período calculado. Caso o imposto esteja sendo pago com atraso, o Valor da Multa e o Valor dos Juros devem ser informados nos campos 08 e 09, respectivamente, pois o Valor do Principal no campo 07 não se altera. Já o Valor Total, no campo 10, pode ser equivalente ao do campo 07, em caso de pagamento em dia, ou a soma dos campos 07, 08 e 09 em caso de eventual atraso no pagamento.

A importância do preço médio de aquisição das cotas

Tanto para efetuar eventuais cálculos mensais de ganhos ou prejuízos com vendas de cotas de Fiagros, como para informar na DIRPF, é fundamental que o investidor pessoa física tenha sempre em dia o valor do preço médio de aquisição por cota de cada Fiagro presente em sua carteira.

Para tanto, o cotista deve guardar todas as notas de corretagem, dado que elas trazem a data da compra efetivada, a discriminação do ativo, seu preço e as quantidades de cotas adquiridas; além dos emolumentos da Bolsa de Valores e eventuais taxas de corretagem, que podem ser incorporadas ao custo de compra.

O preço médio de aquisição de cotas se dará pela soma dos valores de todas as compras, cujo resultado será dividido pelo número total de cotas adquiridas. As eventuais vendas parciais de cotas não alteram o preço médio delas – somente as compras.

Por exemplo, o Fiagro WXYZ11 está cotado em R$ 100. Você decide comprar 20 cotas, fazendo um aporte de R$ 2.000. As despesas com a corretora e a Bolsa de Valores somam R$ 30. Assim, o custo total da operação de compra será de R$ 2.030. Esse valor dividido por 20 cotas será de R$ 101,50.

No mês seguinte, a cotação de WXYZ11 subiu para R$ 101 e você resolve comprar mais 15 cotas, aportando R$ 1.515. As despesas adicionais somam R$ 25. Logo, a operação fica em R$ 1.540.

O valor total dos dois aportes será de R$ 2.030 mais R$ R$ 1.540, resultando em R$ 3.570. Este montante deve ser divido por 35 cotas, que é a soma de 20 mais 15. Dessa forma, o preço médio de aquisição de WXYZ11 será de R$ 102.

Várias corretoras de valores e mesmo alguns bancos estão isentando o cliente das taxas de corretagem. Assim, como os emolumentos da B3 costumam ser de pequena monta, há quem os ignore na composição do preço médio de aquisição de cotas. Cabe mencionar, ainda, que nas operações de venda esses emolumentos podem entrar no cálculo do custo médio de aquisição.

Considerações gerais sobre a DIRPF – Declaração de Imposto de Renda de Pessoa Física

Anualmente, entre os meses de março e maio, os brasileiros devem preencher e entregar a DIRPF, conforme pré-requisitos que variam de tempos em tempos. Até 2022, quem tinha ao menos R$ 1 aplicado em algum ativo de renda variável negociado em Bolsa de Valores já era obrigado a realizar este procedimento. Depois disso, as regras mudaram.

Reproduzimos, a seguir, parte do comunicado publicado pela Receita Federal em 27/02/2023:

> *"Deve declarar o Imposto de Renda em 2023 o cidadão residente no Brasil que recebeu rendimentos tributáveis acima de R$ 28.559,70 no ano, ou cerca de R$ 2.380 por mês, incluindo salários, aposentadorias, pensões e aluguéis; que recebeu rendimento isento, não tributável ou tributado exclusivamente na fonte acima de R$ 40 mil; e que obteve, em qualquer mês, ganho de capital na alienação de bens ou direitos sujeito à incidência do Imposto.*
>
> *Deve ainda declarar o IRPF em 2023 quem tinha, em 31 de dezembro, a posse ou a propriedade de bens ou direitos, inclusive terra nua, de valor total superior a R$ 300 mil.*
>
> *Em relação àqueles que efetuaram operações em bolsas de valores, de mercadorias, de futuros e assemelhadas, ficam obrigados apenas quem, no ano-calendário, realizou somatório de vendas, inclusive isentas, superior a R$ 40 mil; e operações sujeitas à incidência do imposto.*

No que diz respeito à atividade rural, também deve declarar o cidadão que obteve receita bruta em valor superior a R$ 142.798,50; que pretenda compensar, no ano-calendário de 2022 ou posteriores, prejuízos de anos-calendário anteriores ou do próprio ano-calendário de 2022." (Fonte: https://www.gov.br/receitafederal/pt-br/assuntos/noticias/2023/fevereiro/receita-federal-define-novas-regras-para-o-imposto-de-renda-2023 – *link* acessado em 19/04/2023)

Compreenda os parágrafos anteriores apenas como uma referência histórica. Como já advertimos antes, as regras e os procedimentos para a DIRPF variam quase que de ano para ano. Então, mesmo que você tenha um pequeno valor investido em Fiagros, FIIs ou ações, habitue-se a fazer as declarações completas, pois será a melhor forma de aprender a declarar montantes maiores e obrigatórios, no futuro.

Posto isso, o primeiro passo é acessar a plataforma "Meu Imposto de Renda" para baixar o PGD (Programa Gerador de Declaração). Existe a opção para preenchimento on-line, inclusive com a possibilidade de revisar e acrescentar dados da declaração pré-preenchida. Neste caso o contribuinte deve ter uma conta digital ativa no *site* Gov.br, inclusive para fazer uma procuração eletrônica, caso queira permitir o acesso da declaração para algum procurador.

O investidor que já tenha feito todos os cálculos mensais de apuração de preços médios de aquisições de ativos, bem como de apuração de eventuais lucros e prejuízos com operações de vendas, terá mais facilidade para seguir com a DIRPF, especialmente se já estiver de posse de todas as notas de corretagem e DARFs eventualmente pagos.

Além desses documentos, o contribuinte deve coletar todos os informes de rendimentos possíveis, seja de bancos e corretoras onde possui contas, seja das companhias e fundos de investimentos listados em Bolsa de Valores – o que inclui os Fiagros. Vale mencionar que os extratos mensais de bancos e corretoras podem ser úteis para a conferência de dados.

Caso algum informe de rendimentos não tenha sido entregue pelos Correios ou não tenha sido enviado para o *e-mail* cadastrado na B3, o contribuinte deverá solicitar uma segunda via ao serviço de relações com investidores (RI) das empresas ou das administradoras dos fundos de investimentos.

Com toda a documentação reunida, com a tela do PGD já aberta, o contribuinte deve atentar para a aba sobre Bens e Direitos, na qual deverá informar sua posição nos títulos de renda variável do seu portfólio de investimentos, referente ao dia 31 de dezembro do ano-calendário a ser reportado.

Para tanto, valerão apenas os dados devidamente custodiados, razão pela qual recomendamos que o investidor evite realizar operações no *Home Broker* durante a última semana de cada ano, pois a formalização das notas de corretagem não é imediata, a ponto de haver o risco de não serem efetivadas até o último dia útil do ano em questão, causando eventuais desencontros de informações.

Deste modo, usando a DIRPF de 2023 como exemplo, o contribuinte deverá informar sua situação em cada título presente em sua carteira de investimentos, relatando o montante custodiado em 31 de dezembro de 2021, assim como o montante custodiado em 31 de dezembro de 2022.

O próprio PDG traz uma lista com as especificações dos códigos pelo quais cada título será reportado. Por exemplo, o código dos Fiagros, válido para a DIRPF de 2023, referente ao ano-calendário de 2022, está no Grupo 7:

"Fundos. Código 02: Fundos de Investimento nas Cadeias Produtivas Agroindustriais (Fiagro)."

O montante final, dividido pelo número de ações ou cotas, equivale ao preço médio de aquisição de cada ação ou cota, que será informado no campo para descrição de cada título, onde deve constar também seu *ticker* de negociação, bem como sua denominação oficial, o número total de cotas ou ações e em qual corretora ou banco está custodiado.

O CNPJ do título em questão será informado em campo específico e o contribuinte também deverá informar se o título foi negociado em Bolsa de Valores, bem como o total de rendimentos recebidos no ano a ser reportado. Entretanto, se houver rendimentos não creditados, estes devem ser mencionados em linhas específicas da aba, pelo Grupo 99 e Código 99.

Outros pontos de atenção se referem aos direitos de subscrição, cuja declaração não é obrigatória, mas também pode ser feita na aba sobre Bens e Direitos, via Grupo 99 e Código 99, pelo valor de R$ 0,00. Porém, se houver recibos de subscrição, os valores de aquisição destes recibos (ou dos direitos comprados em Bolsa) devem constar em linhas específicas, via Grupo 99 e Código 99.

É importante compreender a diferença entre os rendimentos regulares de um Fiagro e eventuais amortizações, quando os gestores vendem uma ou mais propriedades do Fiagro em questão. As amortizações diminuem o custo médio de aquisição das cotas, podendo chegar a zero se todos os ativos do Fiagro forem alienados. Essa ocorrência deve ser reportada na aba sobre Bens e Direitos. Se o administrador do Fiagro fez a retenção do Imposto de Renda da amortização, então o contribuinte deve reportar apenas o valor líquido do lucro, na aba sobre Rendimentos Sujeitos à Tributação Exclusiva/Definitiva, usando o código 12.

Finalmente, o contribuinte deve atentar para o menu de Renda

Variável, onde as ações das empresas não se misturam com as cotas dos fundos de investimentos (FIIs e Fiagros). Em uma tabela específica, o contribuinte reportará os resultados mensais para os FIIs e Fiagros, caso tenha feito operações de venda com apuração de lucros ou prejuízos. Se houver prejuízo acumulado no ano anterior, este deve ser reportado na linha referente ao mês de janeiro do ano-calendário a ser declarado.

Ainda nesta tabela, o investidor pessoa física deverá informar a soma dos IRRFs mencionado nas notas de corretagem. De posse dos DARFs já pagos, cabe preencher o campo referente ao Imposto Pago, de modo a não restar qualquer divergência.

Dominar o tema antes de considerar sua terceirização

Como podemos notar, estar em dia com a Receita Federal não é exatamente uma tarefa complexa, mas é um tanto trabalhosa e consome um tempo considerável, especialmente no caso dos investidores novatos. Há a possiblidade de terceirizar este serviço. No entanto, cabe a cada pessoa que investe estar ciente de que, em última instância, ela mesma será a responsável pelo pagamento dos DARFs e pela entrega das DIRPFs. Logo, é importante não deixar estes compromissos para a última hora.

IX - CONSIDERAÇÕES FINAIS

Além de ser a nova fronteira dos investimentos no Brasil, o Fiagro surge como uma ponte entre os poupadores brasileiros e o agronegócio. De um lado, temos milhares de pessoas físicas economizando recursos mensalmente. Do outro, temos grandes negócios necessitando de financiamento.

Nos primeiros meses de negociações na Bolsa de São Paulo, os números falaram por si. De acordo com o Boletim Mensal de Fundo de Investimento em Cadeias Agroindustriais (Fiagro) da B3 – Brasil Bolsa Balcão, em março de 2023, os Fiagros já contavam com mais de 238 mil investidores, dos quais 93,1% eram pessoas físicas (individuais) que, juntas, tinham 84,7% de participação no volume de capital negociado.

A evolução do número de investidores e do volume de capital custodiado em Fiagros mostra que, em janeiro de 2022, a B3 registrava aproximadamente 30.700 investidores para um estoque de R$ 1,4 bilhão, ao passo que em março de 2023 os números já haviam saltado para mais de 238.200 investidores e R$ 7,5 bilhões custodiados (fonte: https://www.b3.com.br/data/files/D8/F7/00/B1/4C07781064456178AC094EA8/Boletim%20Fiagro%20-%2003M23.pdf – *link* acessado em 19/04/2023).

O agronegócio necessita de elevado capital de giro, o que demanda muito crédito e, consequentemente, investimento. Enquanto a demanda por capital for maior do que a oferta, será um bom negócio investir via Fiagros.

O setor é o mais vibrante da economia nacional, com um quarto de participação no PIB do Brasil. Ou seja, para cada R$ 4 faturados no país, R$ 1 está relacionado ao agronegócio, que emprega 200 mil profissionais de ciências agrárias trabalhando no campo, atraindo novos talentos e criando novas oportunidades. Em janeiro de 2023, o Agro dava emprego para 19 milhões de brasileiros ao todo, o que corresponde a aproximadamente 18% da população economicamente ativa.

Apesar dos números pujantes, as empresas do Agro ainda estão com baixa representação em Bolsa de Valores. Uma das funções dos Fiagros é, justamente, preencher esta lacuna, dado que, no século 21, o setor vem crescendo no Brasil acima das outras áreas do PIB nacional, incluindo a indústria e a prestação de serviços.

Fontes de financiamento

A importância dos Fiagros como fonte de financiamento para o setor tende a aumentar na medida em que o BNDES reduz sua participação neste quesito. Até 2016, o BNDES respondia por pelo menos 20% da carteira de crédito no Brasil. Desde então, os subsídios via Tesouro Nacional caíram substancialmente, de modo que o BNDES, em 2022, representou menos de 10% do total do crédito para o Agro brasileiro.

O Plano Safra segue a mesma tendência, recebendo cada vez menos subsídios previstos no orçamento anual do Governo Federal. Antigamente, o Banco do Brasil, por exemplo, captava o dinheiro indexado no CDI e oferecia para o produtor rural a 13%. Porém, se ele fosse beneficiado pelo Plano Safra, a taxa de juros caía para cerca de 8%, pois a diferença era paga pelo Governo Federal, via destinação orçamentária.

Logo, a situação fiscal do país é um gargalo para o crescimento do Plano Safra. De fato, a questão fiscal do Brasil é complexa, pois o dinheiro público deve ser priorizado principalmente para a educação, a saúde e a segurança pública, e sabemos que o cobertor é curto.

Com políticas públicas restritivas de crédito, abre-se uma avenida para o mercado de capitais, uma vez que o financiamento bancário também enfrenta limites em função das várias frentes de negócios que envolvem os bancos e seus rígidos controles de balanços, de modo que as linhas de crédito que ofertam se restringem ao curto prazo.

O exemplo dos FIIs e a exposição à moeda forte

Pode acontecer com o mercado do agronegócio o que já ocorreu com o mercado imobiliário quando os FIIs ganharam tração no começo da década de 2010. Em dezembro de 2009, apenas 12 mil investidores tinham recursos custodiados em FIIs. Esse número ultrapassou a marca dos 2,1 milhões de investidores em março de 2023, quando o valor de mercado do conjunto dos FIIs girava em torno de R$ 195 bilhões, de modo que as principais transações de imóveis no Brasil agora passam pelos fundos imobiliários.

Os FIIs operam dentro de uma realidade nacional, com ciclos de mercado internalizado. Já os Fiagros financiam produtores rurais de *commodities* dolarizadas, sujeitas aos ciclos do mercado globalizado, como soja, milho, algodão, álcool e celulose, entre outras. Assim, investir em Fiagros significa expor parte da carteira a uma moeda forte, pois mesmo as proteínas, como a carne de boi, são negociadas em dólares nos mercados internacionais.

Proteína para combater a fome

A propósito, há uma demanda internacional contratada para o aumento da produção de proteína animal. Sem isso, não será possível alimentar o aumento da população mundial em dois bilhões de pessoas até 2050, que é a projeção da ONU. Dos atuais 7,7 bilhões de habitantes ao redor do mundo, quase um bilhão enfrentam a insegurança alimentar em níveis severos. Portanto, para lidar com o desafio social de alimentar três bilhões de seres humanos adicionais em menos de três décadas, é preciso financiar a expansão do Agro brasileiro.

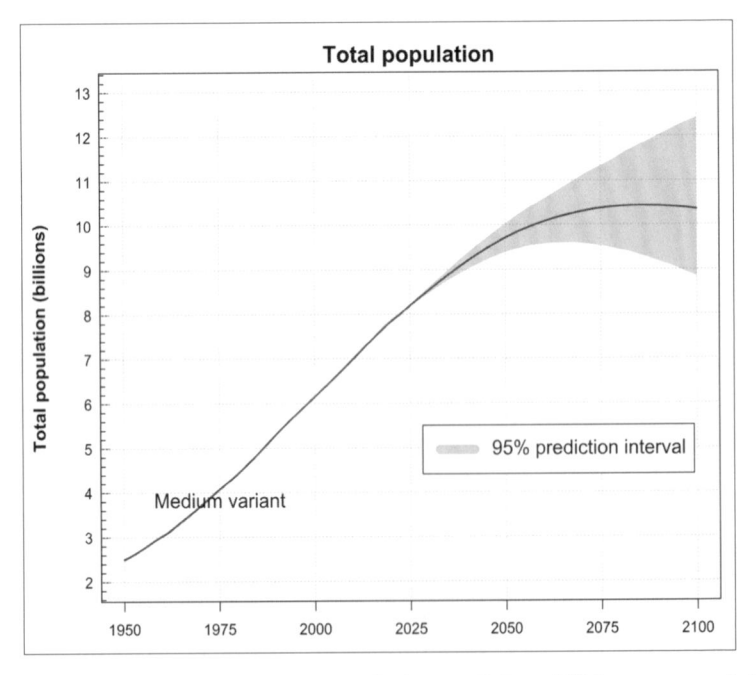

Gráfico da ONU relaciona o total da população mundial, em bilhões, com o período entre 1950 e 2100, incluindo as projeções a partir de 2025, que consideram um possível declínio após 2075. Ainda assim, são números que representam um desafio para a segurança alimentar do planeta, cuja população provavelmente ultrapassará a marca dos 10 bilhões após 2050 (fonte: https://population.un.org/wpp/Graphs/ DemographicProfiles/Line/900 – *link* acessado em 19/04/2023). Observação: imagem sob a licença Creative Commons CC BY 3.0 IGO.

Além disso, o consumo de proteínas se expande conforme a renda média das pessoas dos países emergentes e desenvolvidos cresce. Então, não basta aumentar a produção de carnes; é preciso aumentar a produção dos insumos relacionados com a pecuária, como soja e milho.

À medida que alguns países da África e da Ásia confirmem suas taxas de crescimento econômico, a demanda por proteínas seguirá aumentando, substituindo, em parte, o consumo de carboidratos. O Brasil, como país fornecedor de carnes e de grãos em escala global, não depende apenas do crescimento populacional e econômico interno.

Três safras por ano

As dimensões continentais do Brasil, localizado basicamente numa região tropical, proporcionam outra vantagem competitiva para o país, em relação aos países de clima temperado: a possibilidade de colher três safras por ano, nas mesmas terras, ao invés de apenas uma.

Por exemplo, graças aos regimes regulares de chuvas e aos solos férteis, em certas fazendas brasileiras é possível plantar feijão em setembro. Após a colheita em dezembro, faz-se o plantio de soja, que será colhida em abril, dando lugar para o trigo, fechando o ciclo em setembro, novamente. Já em outras propriedades, o rodízio de safras é feito com o milho no lugar do feijão, e assim por diante.

Contribui para isso o desenvolvimento de técnicas de plantio direto, irrigação, adubação e seleção de sementes. Como os solos estão sempre cobertos, a umidade deles é preservada, evitando a exposição direta ao sol e aos processos erosivos. O rodízio de culturas também ajuda na reposição de nutrientes, deixando a terra se recuperar entre uma safra e outra. Este procedimento não é possível em países de invernos rigorosos, como Argentina, Estados Unidos e membros da União Europeia.

Transportar melhor para desperdiçar menos

Porém, nem tudo são flores no agronegócio brasileiro. Existem também os desafios, entre eles o aprimoramento das infraestruturas de transportes e logística. Os custos para exportação dos produtos rurais ainda são elevados em comparação com outras nações, reduzindo a competitividade brasileira no mercado internacional.

Por isso, a exportação de produtos agrícolas brasileiros não pode se concentrar nos portos da Região Sudeste, devendo ser distribuída em portos das Regiões Sul, Nordeste e Norte, especialmente no caso da produção oriunda da Região Centro-Oeste. Para tanto, as parcerias público-privadas devem investir na construção e no aprimoramento de rodovias, hidrovias e ferrovias, com a implantação de terminais intermodais de cargas.

A melhoria do sistema de transportes e logística ajudaria a resolver outro problema do Agro brasileiro: o desperdício de grãos e alimentos, que por tabela diminuiriam, ainda, o desperdício de água na produção agrícola.

Relações internacionais

Entretanto, para ganhar competitividade no mercado global, o Brasil deveria investir numa ligação direta com o Oceano Pacífico, via algum porto chileno interligado a uma rodovia ou ferrovia de caráter internacional, passando pela Bolívia ou Paraguai, aproximando as Regiões Sul e Centro-Oeste – as principais produtoras de grãos do Brasil – dos países consumidores da Ásia e Oceania, ao reduzir as viagens de navios em pelo menos 8 mil quilômetros.

Esforços desse porte, porém, não dependem apenas da iniciativa privada, mas envolvem ações diplomáticas para costurar acordos que beneficiem todos os países envolvidos neste tipo de projeto supranacional. Neste sentido, é preciso que o Brasil adote uma política de longo prazo, para estabelecer relações comerciais multipolares com os países do Mercosul e da União Europeia, além de China e Estados Unidos. A alternância de relações comerciais unipolares representa um risco para os produtores rurais que dependem das exportações de sua produção.

É impossível construir relações diplomáticas e comerciais duradouras sem demonstrar boa vontade. No caso do Agro brasileiro, isto significa equacionar problemas ambientais e sociais, desde o controle efetivo dos desmatamentos e das queimadas, passando pelo uso correto de defensivos agrícolas, fertilizantes e adubos, com a destinação correta dos resíduos agroquímicos.

Por fim, a melhoria da imagem do Agro brasileiro, perante os principais atores do comércio global, compreende a resolução dos conflitos sobre as posses de áreas rurais, de modo a reduzir a grilagem e a invasão de terras.

Somente entre as décadas de 1990 e 2010 a reforma agrária promoveu o assentamento de um milhão de famílias. Nesse ínterim, 462 terras indígenas foram regularizadas, alcançando 12% do território brasileiro, das quais 54% ficam na Região Norte, principalmente na Amazônia Legal. Logo, este assunto precisa ser pacificado.

Epílogo

Dentre as vantagens e os desafios do agronegócio no Brasil, resta cristalina a afirmação de que aportar recursos em Fiagros é uma atividade de grande potencial para os investidores, razão pela qual este livro foi escrito.

GLOSSÁRIO

Os principais termos e siglas adotados no vocabulário do mercado financeiro no Brasil

Ação ordinária (ON): ação que permite ao acionista participar das assembleias das empresas com capital aberto e votar nos temas propostos.

Ação preferencial (PN): ação sem direito a voto por parte do acionista, que, no entanto, tem a garantia de receber os dividendos estatutários ou outro benefício de acordo com a Lei das S/A ou com o estatuto da companhia.

Análise fundamentalista: forma de investir no mercado de ações que prioriza o retorno de longo prazo, proveniente dos lucros da atividade empresarial.

Análise gráfica: método para analisar o comportamento das ações no mercado tentando antecipar tendências por meio de movimentos identificados em gráficos que expressam a evolução das cotações.

Análise técnica: vide "Análise gráfica".

Ativos: todos os bens pertencentes a uma empresa, incluindo aplicações financeiras, imóveis, máquinas e equipamentos, veículos, participações em outras empresas e reservas de valor.

Balanço patrimonial: documento contábil que aponta tanto os bens como as dívidas de uma empresa, compreendidos como seus ativos e passivos.

BDR: sigla em inglês para *"Brazilian Depositary Receipts"*. São classes de valores mobiliários negociados no mercado brasileiro com lastros oriundos de ações estrangeiras. Investir em BDRs é uma forma de diversificar investimentos sem abrir contas em corretoras de outros países.

Blue-chips: expressão oriunda dos cassinos, onde as fichas azuis possuem maior valor. Nas Bolsas, equivalem às ações com maior volume de transações.

Bonificação: evento puramente contábil, no qual as empresas distribuem novas ações sem custo para os acionistas, conforme as quantidades de ações que eles já possuem. A cotação é ajustada na proporção inversa.

Cap Rate: abreviatura de *"Capitalization Rate"* (Taxa de Capitalização). É o retorno anualizado atribuído no momento da compra de um ativo imobiliário. Esta taxa é calculada multiplicando o aluguel pago por 12. Na sequência, divide-se pelo valor pago pela propriedade. Para se chegar à taxa final, multiplica-se por 100.

*Capex***:** sigla da expressão inglesa *"Capital Expenditure"*, que compreende a quantidade de recursos financeiros alocados para a compra de bens de capital de uma determinada companhia, com o objetivo de manter ou até expandir o escopo das suas operações.

Capital: recurso financeiro expresso em moeda corrente. Empresas de capital aberto permitem que o público compre ações por meio do mercado de capitais. O capital de giro equivale ao dinheiro que a empresa coloca em movimento.

Circuit-Breaker: mecanismo automatizado que interrompe os negócios nas Bolsas de Valores sempre que os índices de referência sobem ou descem abruptamente em níveis elevados (por exemplo, 10%).

Cotação: preço da ação determinado pelas forças do mercado.

Crash: situação de desvalorização geral e acentuada das ações, responsável pela quebra de vários agentes especuladores ou investidores.

Day Trade: operação especulativa de compra e venda de ativo listado na Bolsa, realizada na mesma data.

Debênture: título emitido por empresas para captar recursos no mercado de capitais, com prazos e créditos determinados, sem que seus detentores se configurem como sócios delas.

Desdobramento (*split*): evento contábil no qual a empresa, a fim de aumentar a liquidez dos papéis, multiplica a quantidade de ações por um fator e divide o valor da cotação por ele, sem alterar o valor total de mercado. Fenômeno oposto ao grupamento (*inplit*).

Dívida Bruta/Patrimônio Líquido: indicador fundamentalista que expressa o grau de alavancagem (endividamento) de uma empresa.

Dividendo: parte dos lucros das empresas que será repartida com seus acionistas proporcionalmente à quantidade de ações que possuem.

Dividend Yield: indicador fundamentalista que representa em porcentagem a remuneração da ação dividida pela sua cotação, no prazo de 365 dias anteriores à cotação da ação. Por exemplo: no último ano a empresa distribuiu, entre dividendos e JCP, R$ 0,10 por ação. Se a ação está cotada em R$ 1,00, o *Dividend Yield* equivale a 10%.

DRE: sigla para "Demonstração do Resultado do Exercício", documento que informa, em relação a determinado período, se uma companhia obteve lucro ou prejuízo.

EBITDA: sigla em inglês para "*Earnings Before Interests, Taxes, Depreciation and Amortizations*", que, na sua tradução literal, significa Lucro Antes dos Juros, Impostos, Depreciação e Amortização. Tal indicador fundamentalista também pode ser chamado de LAJIDA.

ETF: sigla para "*Exchange Traded Funds*", que em português soaria como FNB ou "Fundos Negociados em Bolsa". Tais fundos relacionados aos índices, como o Ibovespa, são negociados como ações.

FIIs: sigla para "Fundos de Investimento Imobiliário".

Fluxo de caixa: valor financeiro líquido de capital e seus equivalentes monetários que são transacionados – entrada e saída – por um negócio em um determinado período de tempo.

Futuro: tipo de negociação com prazos e condições pré-determinados, visando à garantia de preços mínimos e protegidos da volatilidade do mercado.

Grupamento (*inplit*): evento contábil no qual a empresa, a fim de minimizar a volatilidade de papéis com valor baixo, divide a quantidade de ações por um fator e multiplica o valor da cotação por ele, sem alterar o valor total de mercado. Fenômeno oposto ao desdobramento (*split*).

Hedge: operação financeira que busca a mitigação de riscos relacionados com as variações excessivas de preços dos ativos disponíveis no mercado.

JCP (JSCP): sigla para "Juros Sobre Capital Próprio" – uma forma alternativa aos dividendos para as empresas remunerarem seus acionistas, com retenção de impostos na fonte, reduzindo a carga tributária das empresas de forma legal.

Joint-venture: aliança entre empresas com vistas a empreendimentos ou projetos específicos de grande porte.

Liquidez corrente: indicador fundamentalista que expressa a relação entre o ativo circulante e o passivo circulante, demonstrando a capacidade da empresa de honrar compromissos no curto prazo.

Long & Short: estratégia na qual o investidor mantém, simultaneamente, uma posição comprada em um papel e uma posição vendida em outro, com o objetivo de lucrar com a diferença na variação de preços entre os dois ativos, que precisam ser relacionados. O termo também pode ser compreendido como uma operação de arbitragem.

Lote: no mercado financeiro brasileiro, o lote equivale a 100 ações como quantidade mínima ideal para compra e venda na Bolsa. Quando um lote é quebrado, as ações são negociadas no mercado fracionário, caso em que algumas corretoras de valores cobram taxas diferenciadas.

LPA: indicador fundamentalista que expressa o Lucro Por Ação.

Margem bruta: indicador fundamentalista que expressa o lucro bruto dividido pela receita líquida.

Margem líquida: indicador fundamentalista que expressa a relação entre o lucro líquido e a receita líquida.

Minoritários: investidores que adquirem ações em quantidades relativamente baixas, que impedem a sua participação na gestão das empresas.

Opção (OPC ou OTC): tipo de negociação que garante direito futuro de opção de compra ou de venda com preço pré-determinado.

Ordem: determinação de compra ou venda de ativo no mercado de capitais, que o aplicador comunica à sua corretora de valores para execução.

P/Ativos: indicador fundamentalista que expressa a relação entre o Preço da ação e os Ativos totais por ação.

P/Capital de Giro: indicador fundamentalista que expressa a relação entre o Preço da ação e o Capital de Giro por ação, que por sua vez significa a diferença entre o ativo circulante e o passivo circulante da empresa.

P/VP: indicador fundamentalista que expressa a relação entre o Preço da ação e o Valor Patrimonial da ação.

Papel: equivalente a ação (termo que fazia mais sentido quando as ações eram impressas e entregues ao portador).

Passivos: componentes contábeis das empresas, que representam seus compromissos, obrigações, dívidas e despesas circulantes e não circulantes, como salários de funcionários, empréstimos, tributos, dívidas com fornecedores.

Patrimônio líquido: valor financeiro resultante da diferença entre os ativos e os passivos de uma empresa.

Payout: porcentagem do lucro líquido distribuído, na forma de dividendos ou juros sobre capital próprio, aos acionistas da empresa.

PL (P/L): indicador fundamentalista para a relação entre Preço e Lucro. Representa a cotação da ação no mercado dividida pelo seu lucro por ação.

Posição: situação do acionista em uma determinada empresa, um fundo imobiliário ou ativo correlato. Quando um investidor zera a sua posição numa empresa ou num fundo imobiliário, por exemplo, significa que ele vendeu todas as suas ações ou cotas.

Pregão: período de negociações na Bolsa de Valores com negócios realizados eletronicamente. Antigamente, os pregões eram presenciais.

PSR: indicador fundamentalista cuja sigla em inglês indica *"Price Sales Ratio"* e equivale ao preço da ação dividido pela receita líquida por ação.

Realizar lucros: vender ações para converter as valorizações em capital disponível para outros fins.

Release: é um comunicado emitido pelas empresas, para dar destaque a informações não financeiras importantes para o melhor entendimento das demonstrações financeiras. Não é um documento de divulgação obrigatória.

Resistência: valor historicamente mais alto atingido pela cotação de determinada ação.

ROE: sigla em inglês para *"Return On Equity"*. Também é conhecido no Brasil como "RPL", ou seja, "Retorno sobre o Patrimônio Líquido". Essa métrica indica o quanto uma empresa é rentável, mostrando o lucro líquido dividido pelo seu patrimônio líquido.

ROIC: sigla em inglês para *"Return On Invested Capital"*, que em português significa "Retorno Sobre o Capital Investido", ou seja, o capital próprio da empresa somado ao capital de terceiros.

SA (S/A): sigla para "Sociedade Anônima", comum nas razões sociais das empresas de capital aberto.

Short Selling: venda a descoberto. Estratégia de especulação conduzida por quem aluga um ativo ou derivativo para vender no mercado, na expectativa de queda das cotações para recompra futura com lucro.

Small Caps: empresas de porte menor se comparadas com as *Blue Chips*, com baixo volume diário de negociações e pouca liquidez no mercado.

Stop Loss: ordem de venda automatizada de uma ação, pré-determinada pelo aplicador junto à corretora de valores, para evitar perdas com quedas excessivas das cotações.

Stop Gain: ordem de venda automatizada de uma ação, pré-determinada pelo aplicador junto à corretora de valores, para realizar lucros.

Subscrição: situação que ocorre quando as empresas oferecem novas ações preferencialmente para seus acionistas. O mesmo se aplica aos fundos imobiliários em relação aos seus cotistas.

Swing Trade: operação especulativa de compra e venda de ativo listado na Bolsa, realizada em prazos curtos, que variam de três dias até algumas semanas.

Tag Along: mecanismo de proteção concedido aos acionistas minoritários por um empreendimento que possui suas ações negociadas na Bolsa de Valores, caso ocorra um processo de venda do controle para terceiros, por parte dos acionistas majoritários.

Termo: tipo de negócio realizado com pagamento a prazo.

Ticker: código pelo qual os ativos são negociados em Bolsas de Valores. Por exemplo, TIET3 é o código da ação ordinária da Geradora Tietê. TIET4 é o código da ação preferencial da mesma empresa e TIET11 é o código das suas *Units*. Já o BDR do Google usa o código GOOG35.

Underwrite: ato do investidor de subscrever ações ofertadas pelas empresas.

Units: ativos compostos por mais de uma classe de valores mobiliários, como, por exemplo, um conjunto de ações ordinárias e preferenciais.

Upside: É o potencial de valorização de uma ação.

Valuation: conjunto de ponderações técnicas e subjetivas para avaliar uma empresa ou um fundo imobiliário, visando encontrar o valor justo de suas ações ou cotas, bem como seu potencial de retorno para investidores.

VPA: indicador fundamentalista que expressa o Valor Patrimonial por Ação, ou seja: o valor do patrimônio líquido dividido pelo número total de ações.

Envie seus comentários construtivos:

– contato@suno.com.br

– editoracla@editoracla.com.br

Outros títulos disponíveis em versão impressa:

- Guia Suno Dividendos
- Guia Suno de Contabilidade para Investidores
- Guia Suno Fundos Imobiliários
- 101 Perguntas e Respostas para Investidores Iniciantes
- Guia Suno *Small Caps*
- Guia Suno Fundos de Investimentos
- Cultivando Rendimentos
- Lições de Valor com Warren Buffett e Charlie Munger
- 101 Perguntas e Respostas sobre Fundos Imobiliários
- Expoentes do *Value Investing*
- Investir é uma Jornada

Projeto editorial: Suno

Coordenação: Andre Delvas Froes

Editor: Fabio Humberg

Editor associado: Jean Tosetto

Colaboração: Guilherme Almeida

Capa: Alejandro Uribe, sobre ideia original de Jean Tosetto & Carla Cardani, desenvolvida com auxílio da inteligência artificial de craiyon.com

Diagramação: Alejandro Uribe

Revisão: Humberto Grenes / Cristina Bragato / Rodrigo Humberg

Dados Internacionais de Catalogação na Publicação (CIP)
(Câmara Brasileira do Livro, SP, Brasil)

Octaciano Neto
  Guia Suno Fiagros : a nova fronteira dos investimentos brasileiros / Octaciano Neto, Jean Tosetto. -- 1. ed. -- São Paulo : Editora CL-A Cultural, 2023.

  ISBN 978-65-87953-52-6

  1. Agronegócio - Brasil 2. Economia agrícola 3. Fundos de Investimento do Agronegócio (FIAGRO) 4. Investimentos I. Tosetto, Jean. II Título.

23-166300   CDD-338.1

Índices para catálogo sistemático:

1. Agronegócios : Economia 338.1

(Aline Graziele Benitez - Bibliotecária - CRB-1/3129)

Editora CL-A Cultural Ltda.
Tel.: (11) 3766-9015 | Whatsapp: (11) 96922-1083
editoracla@editoracla.com.br | www.editoracla.com.br
linkedin.com/company/editora-cl-a/ | instagram.com/editoracla